大脑喜欢这样学

黄翔 复旦大学附属华山医院脑外科医生 著

中信出版集团｜北京

图书在版编目（CIP）数据

大脑喜欢这样学 / 黄翔著 . -- 北京：中信出版社，2024.10.（2025.8重印）-- ISBN 978-7-5217-6884-8

I. G442

中国国家版本馆 CIP 数据核字第 20248J4C01 号

大脑喜欢这样学

著者：　　黄翔
出版发行：中信出版集团股份有限公司
　　　　　（北京市朝阳区东三环北路 27 号嘉铭中心　邮编　100020）
承印者：　三河市中晟雅豪印务有限公司

开本：880mm×1230mm 1/32　　印张：8.25　　字数：184 千字
版次：2024 年 10 月第 1 版　　　　印次：2025 年 8 月第 8 次印刷
书号：ISBN 978-7-5217-6884-8
定价：59.00 元

版权所有·侵权必究
如有印刷、装订问题，本公司负责调换。
服务热线：400-600-8099
投稿邮箱：author@citicpub.com

本书得到上海市健康科普人才能力提升专项支持
（编号：JKKPYC-2023-A02）

推荐序
读懂大脑，更好学习

我们每个人都是大脑的奴隶，我们所有的思想与行为几乎都受控于我们的大脑。由于技术的突破，脑科学的研究正在不断呈现出人脑令人震惊的奥秘，比如我们现在知道学习的本质就是在塑造我们的大脑。理解大脑基本的工作机理，了解学习与大脑之间有趣的关系，显然可以帮助我们学得更好更快，黄翔博士的《大脑喜欢这样学》，就是这样一本可以帮到我们所有人的好书！我认为这本书实际上是一本大脑使用手册，作者用非常流畅有趣的语言阐明了以下几个关键问题：

一是没有"聪明的脑回"，"学霸"只是恰好顺应了大脑学习的规律。脑外科手术和核磁共振研究发现，在人脑860多亿个脑神经元之间，通过外部的刺激会形成无数的微观连接，而对这些微观连接的提取与应用依赖于某种内部模型，虽然机理还不是很清楚，但这个过程又会加强与完善这些连接，这就是大脑认识世界与改造世界的基础。虽然大脑干的活都是"精神世界"的活，但实际上都是基于"物质基础"的。如果你一直学，但脑神经元不发生连接，那就是白学。这也就解释了为什么"学霸"好像轻轻松松就能考试得高分，而有些同学每天超长时间用于学习，却成绩平平。"学霸"的基本特点，一是能够接受非常丰富的刺激且形成新的脑神经元连接，这个与脑的物质基础有关——比如营养，良好的睡眠；二是形成的脑神经元连接更结构化，能够在原有连接的基础上产生更新更复杂的连接，这个与脑神经元的内部模型有关。学习是一件长期的事情，脑神经元连接甚至存在"蝴蝶效应"，一个微小的差异可能会带来一连串巨大的变化，内部模型的建立需要专注、正向反馈和高效的休息。

二是同样的大脑，驱动力决定学习的效果。大脑是一个目标导向的器官，拥有目标，可以激活大脑，产生放大效应。当一个目标实现的时候，大脑就会分泌多巴胺奖励大脑自己，而这个时候的愉悦会促使你不断地汲取新知识，实现一个个新的目标。带目的去学，把大目标拆解为一系列小的目标，是顺应大脑，犒赏大脑，形成主动学习的基本办法。

三是专注力是提升学习效率的根本。当然大脑不是一天形成的，学习过程就是大脑成长的过程，不同年龄段大脑有其不一样的特点。低龄儿童学习的专注力持续时间往往不能太长，并不是儿童的错，而是大脑自我保护的一种方式，因为低龄儿童脑能量消耗要占到人体总能量的 50% 以上，而成年人大脑能量消耗可能只占到 25%。孩子们在专注学习一段时间后及时运动放松，是下一段专注学习的良好准备。

四是记忆的本质是良好的大脑内部模型。所谓的内部模型就是输入知识，建立关联，积极输出。通过多感觉通道输入，多场景、多状态的输入，尽可能地建立知识点关联。脑科学表明，大脑神经元发生连接的突触部分，通过反复提取输出会不断得到加强，因此重复是巩固内部模型的基本方法。边学边巩固，通过项目化学习，不断纠错和反馈，把最基本的知识与能力形成强大的基础性连接，一旦形成良好的大脑内部模型，在处理复杂问题的时候，大脑就会游刃有余。

五是睡觉也是学习的一部分。大脑是高耗能的器官，睡眠是大脑自我调节的重要环节，这个调节不仅仅是给大脑一个休息时间，让大脑在睡眠的时候有个清洗的过程，更重要的是大脑在睡眠的时候是把短期记忆向长期记忆转换的主要时机。你压缩了睡眠时间，实际上是在压缩大脑自我学习的时间。

六是情绪调节也是大脑的主要功能。心理问题实际上也是脑生理问题，情绪调节能力，主要由大脑左侧前额叶皮质和杏仁核掌管。学习总会存在压力，学习能力的提升就是抗压能力的提升，但过重的压力如果不及时得到调整，超出大脑自我调节的能力范围，就有可能导致有害的大脑器质性变化，甚至产生抑郁症等病变。充足的睡眠、阳光下的户外活动是十分有效的减压方式。当然，一旦发生严重的抑郁情况也不要坚持单打独斗，及时就诊治疗是可以控制和缓解的。

这本书有理有据，故事有趣，方法清晰，通过脑科学的知识传递，对学习改进很有启发性和操作性，值得每一位家长在做爸爸妈妈的一开始就阅读，更推荐广大教育工作者和学习者阅读并实践。学习塑造大脑，做一个懂大脑的家长、教育者和学习者。

全国政协委员、上海科技馆馆长　倪闽景
2024 年 9 月

目录

引言 学习可以改造大脑，聪明可以被创造　　001

01 第一部分
认识大脑：学习中的脑科学

Chapter 1
揭秘大脑：学习是如何发生的？

一、学霸是长了"优秀的脑回路"吗？　　011
二、脑外科手术的发现　　013
三、藏在微观世界里的秘密　　014
四、智力不在于开发，而在于刺激　　021

Chapter 2
学会学习：重构大脑的内部模型

一、天才、天赋背后的脑科学原理　　031

二、改造大脑的微观物质世界　　037

三、大脑认识及改造世界的运行程序　　044

四、怎样合理改造大脑，建立内部模型？　　059

02 第二部分
提升学习力，让大脑高效运转

Chapter 3
设定目标：让孩子主动学习的脑科学秘密

一、求知欲，大脑成长的原动力　　065

二、怎样让大脑自动实现目标？　　070

三、大脑的成长途径：从制定目标到实现目标　　074

四、顺应大脑的规律，让孩子主动学习　　079

Chapter 4

训练专注：提升效率，训练大脑跟你一起做时间管理

一、分心不是你的错	087
二、打开大脑专注之门的钥匙	090
三、专注力训练：	
短时间内将大脑能量推向极致的秘密	099
四、"改造大脑"的专注力实践	109

Chapter 5

对抗遗忘：用建模式学习提升记忆力

一、建立内部模型，让知识属于你	117
二、手把手教你快速建立知识的大脑内部模型	118
三、别忘记巩固你的内部模型	132
四、建立内部模型的另外一些注意要点	135

Chapter 6

积极反馈：让错误成为学习的一部分

| 一、反馈是大脑学习进化的机制 | 141 |
| 二、寻找错误，因为错误也是学习的一部分 | 145 |

三、寻找奖励：

怎样夸奖学习者才能让他们欲罢不能？ **150**

四、在主动输出中寻找反馈 **153**

五、找个好导师，主动向导师寻求反馈 **155**

Chapter 7

高效休息：怎样呵护大脑，让孩子吃好睡好？

一、大脑累了，需要休息 **161**

二、睡觉也是学习的一部分 **169**

三、打造学习者的高质量睡眠 **172**

四、健脑需要什么样的饮食？ **174**

五、运动也能促进大脑健康 **178**

Chapter 8

调节情绪：如何提高孩子的情绪韧性？

一、"高分低能"只是善意的谎言 **187**

二、情商是怎样练成的？ **189**

三、对抗压力，轻装上阵学起来 **196**

四、抑郁症离你并不遥远 **204**

03 第三部分
超越竞争：培养面向未来的孩子

Chapter 9
人脑是我们最强大的武器

一、AI 时代给家庭教育带来了怎样的机遇
　　和挑战？ 　　　　　　　　　　　　220
二、AI 的本质以及人脑对机器思维的超越　225
三、如何培养面向未来的孩子？　　　　　230

后记　　　　　　　　　　　　　　　　237

延伸阅读　　　　　　　　　　　　　　241

引言
学习可以改造大脑，聪明可以被创造

作为一名脑外科医生、一位脑科学工作者，和大脑打交道是我每天必须做的工作。我发现，大脑这个器官和身体别的器官（比如心脏、肺脏、肾脏等）有些不一样：它不仅管理身体的健康，更重要的是，它还关乎人的智力、学业、事业和前途。

2022 年 8 月，我的脑科学科普书《加油吧，大脑！》出版。令我感到意外的是，这本新书很受学生群体的欢迎。许多教育部门、学校及图书馆邀请我做讲座，共同探讨"学习中的脑科学"。在与同学们的接触中我了解到，对于用功读书的学生们来说，脑科学是刚需！

的确，青少年时期是人的身体、智力发育的关键期，如何做到健康用脑、科学学习，不仅对青少年影响深远，也是他们的家长和老师共同关注的话题。然而，在实际学习中，许多同学对大脑的运行规律有误解。

比如：早上起来后，是先吃饱再背书，还是先读书再吃早饭？怎样做能够记住更多内容？

许多同学会认为应该先吃饱，血糖上升，大脑工作效率会更高。其实，应该先读书，再吃早饭。因为大脑分管记忆的海马回在适度饥饿、低温的条件下会被激活长时程增强（LTP）作用，提升记忆效率。所以中国人的老祖宗真的好聪明，他们不了解脑科学知识，却发现早晨起床读书效率更高，故而创造了"晨读"的方法，并在一代代读书人中流传下来。可惜有一句配套的话并没有像"晨读"那样普及，那就是：先读书，再吃早饭，才能把你肚子里的学问和食物一起消化了。

> 凌晨3点，别的孩子尚在睡梦中时，6岁的玄烨已经起床，坐着轿椅赶往蒙馆读书。他摸摸自己的肚子，表示饿了。
>
> 太监告诉他："先生说了，咱们得先读书，再吃饭，这样才能把学问消化喽。"
>
> ——摘自央视电视剧《康熙王朝》

再比如：许多同学学习时会戴着耳机听音乐，这到底是提高了学习效率，还是降低了学习效率？

这要看你听的是哪种类型的音乐。最好是不带歌词的音乐。为什么？

大脑可以同时听到两个声音吗？可以，两侧大脑半球都有听觉中枢的存在。

大脑可以同时理解两个声音吗？不能，大脑的语言功能区只在单侧大脑半球中：要么在左边，要么在右边。

所以，就算你同时听到两个语言信号，你也只能理解其中的一个，另一个会被自动屏蔽。就像你一边打电话一边看电视剧时，会觉得"内存不足"：听清电话里说了什么就看不懂电视剧里在演什么了，反之亦然。

学习时，就算你是默读，大脑中也已经存在一个语言信号了。如果再听带歌词的歌曲，势必加入另一个语言信号，会造成干扰。

因此，学习时，可以听背景音乐，但尽量不要听带歌词的音乐。除非这首歌你已经听了千百遍，歌词对你而言成了白噪声。

还有些同学，考试的时候觉得题目很熟悉，明明以前见到过，但就是想不起来答案。为什么？

是的，你考试时总是想不起来，但只要我一提醒你，你就会拍拍大腿激动地说："对对对，就是这个！我当时怎么没想起来？！"

比如李世民的弟弟叫什么名字？你想不起来。我说"李媛媛"，你说"不对"。我说"李方方"，你说"不对"。我说"李元春"，你说"也不对"。我说"李元吉"，你激动地说"对了"。奇怪，如果你不知道答案，那为什么能判断我说得对不对？这说明你脑中已经有一个答案，只是你提取不出来而已。

记忆分成"记"和"忆"两个部分。"记"是输入，"忆"是提取和输出。

我们把许多知识点储存在大脑里，就像把它们放在大脑知识仓库的某一个抽屉里。但是使用的时候，如果你找不到那个抽屉，知识点就提取不出来，所以考试时总是想不起来。你不是没记住，而是提取不出来。怎样能快速地找到这个抽屉呢？就是要不断地去打开这个抽屉。

我们想要记住一个知识点，大脑就要为其创造专门的神经连接；我们要快速地提取一个知识点，大脑也要设立专门的神经连接。要想考试的时候能立刻想起来，在学习的时候就要在"记"（输入）和"忆"（输出）上同时下功夫。

比如，背书不能只是一遍遍地看，而是要在看过一两遍后，把书合上，开始回忆书上讲了什么内容，此时就是提取的过程，也是大脑建立神经连接的过程。复述书中内容时一定会有缺漏，而这恰恰就是你薄弱的环节，接下来你可以重点巩固。

输出是最好的输入。成绩好的学生往往有一个特征，就是"好为人师"。学会一项本领之后，一定要应用出来。在教学和使用的过程中，你会得到进一步的提高。

顺应大脑规律的学习方式会让你事半功倍。大脑对于学生们来说，意味着什么呢？我一直觉得，它就像你养的一个宠物，可以帮你学习，帮你记忆，帮你考试。你要好好养它，把它的毛撸顺了，踩中它的规律去学习。如果你逆着毛撸，把它整成怪异的造型，那它不仅不会帮你，反过来还要咬你一口。违背大脑规律的学习不仅不能提升学习效率，还有可能令人陷入"越学越差"的怪圈，使人丧失信心，觉得自己不是学习的这块料。其实你并非不适合学习，你只是没有与大脑合拍。

为了让同学们更好地与大脑相处，少走弯路，我结合自己长期在国家脑疾病医学中心、复旦大学附属华山医院神经外科及复旦大学神经外科研究所的工作积累，写了这本书。

书的第一部分阐释了学习在大脑中是怎么发生的，天才和天赋又是怎么回事，是否真的有"天生就适合读书的大脑"以及智力要怎样"开发"出来。

我想告诉你：学习并非发生在精神世界，而是大脑中一种明确的物质活动。如同造房子，学习并不是画张设计图就可以，而是要在大脑中真砖实瓦地搭建。所以，学习的目的并非简单地记住知识点，而是改造大脑在微观世界里的物质结构！通过在大脑中建立一个个内部模型，让它变成一个"学习型"的大脑。

在书的第二部分，围绕着"建模式学习"，我提出了建立大脑内部模型的五个要素——设定目标、训练专注、对抗遗忘、积极反馈、高效休息，还提出了学习过程中的辅助性要点：如何在高强度的学习中调节情绪。

在书的第三部分，结合当下热点和自身专业，我阐释了AI（Artificial Intelligence，人工智能）的本质以及人脑对AI的超越，讨论了如何培养面对未来的孩子。

这是一本关于脑科学原理和学习方法的书。希望大家能够打开视野，结合自身的学习条件等具体情况，利用书中的方法，顺应大脑的规律去学习，提高学习效率并真切体会到学习的乐趣。

01

第一部分

认识大脑：
学习中的脑科学

· Chapter ·

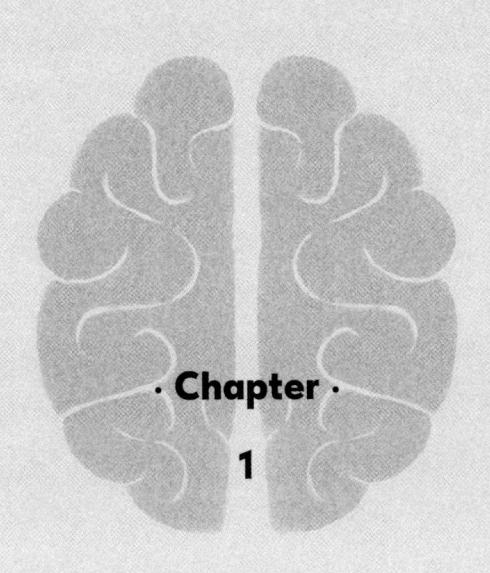

1

揭秘大脑：
学习是如何发生的？

一、学霸是长了"优秀的脑回路"吗?

"你的脑子要是有×××这么好用,就不用再愁你的学习了!"

这可能是我们小时候经常会听到的一句话。

当我是一名学生的时候,老师和家长就不断地告诉我:想要考得好,就要向身边成绩好的同学学习。因此,我特别留心:成绩好的同学究竟有什么样的诀窍?又是什么原因让另外一些同学的成绩不如人意?可是,我一直没找到明确的答案。

我观察到:有些同学不仅在学习方面表现优异,还担任了班长、学生会主席或团委委员等职务,也喜欢打游戏、踢足球,这些兴趣爱好似乎占用了他们大量的时间,也耗费了他们许多精力,可是并没有影响到他们的成绩。还有些同学,笔记记得仿佛外科医生的处方,只有自己能看懂,平时看起来松松垮垮的,也贪玩,上自习课时偶尔还会睡觉,可是人家就是成绩好!

而有些同学似乎一整天都在学习,从来不参加课外活动,也没有什么兴趣爱好,甚至扎着印有"发奋图强"字样的红头绳,看上去颇有"头悬梁、锥刺股"的决心!还有的同学上课、看书都特别认真,书上做了密密麻麻的笔记,还用各种颜色的笔标注好,整本书就是一个艺术品、一道风景线！可是这样的同学，往往成不了学霸，成绩大多数就处于中游或者中上游！

这究竟是为什么？老天爷怎么这么不公平！

其实我的成绩也不错：一路上的是重点小学、重点初中、省级示范高中，并以超越清华北大的分数考上当年国内最难考的医学院校——复旦大学医学院，一直读到了博士毕业，还拿到了上海市优秀毕业生的荣誉，后来又到 UCLA（美国加州大学洛杉矶分校）、韩国亚洲大学留学。

这一路走来，也有不少同学向我请教学习经验，而我竟然答不出来。我都不好意思说，其实我也会偷懒、爱睡觉，也会背着父母偷偷打游戏、看电视，我就是在该学习的时候学习了，也不知道自己怎么就考好了。但这些话讲出去没人信，我只能说一些"要注意学习方法，提高学习效率"之类的话。来请教的人点点头，似乎懂了，又似乎没懂，也不知道他们回去试过之后效果怎么样。

我在复旦和 UCLA 总共学习了接近 12 年的时间，身边不乏经过重重筛选留下来的学霸同学和朋友。可是当我问起他们是如何取得学业上的成功时，他们竟然也是支支吾吾的，答不出个所以然来。

看来，成绩优秀的同学不知道自己是怎样变优秀的，这是一个普遍现象。大部分人都是这样，成功的时候不知道自己为什么会成功，失败的时候也不知道自己是怎么失败的。

因此，其实我在学生生涯中并没有发现大脑学习的秘密。直到我学习了脑科学，成为一名脑外科医生，无数知识和病例的积累让我终于有一天顿悟：原来有些人成绩好是因为有意无意地踩中了大脑的节奏，顺应了大脑的规律，充分发挥了大脑的效能。

他们的大脑确实有所不同，而这些不同的背后有着深刻的脑科学原理。

二、脑外科手术的发现

让我们从我的老本行——脑外科手术说起。

作为一名脑外科医生，我的本职工作是做脑部手术，因此拥有了"用双手触摸人类的认知器官——大脑"的特权，繁忙的工作也让我有机会看过和接触过几千例不同的大脑。

很多朋友问我：你觉得成绩好的学生或者成功人士的大脑是不是异于常人？在我的患者里面，的确有很多优秀的学生、成功的企业家、组织领导人、高级管理人员。他们的大脑解剖结构有什么不同吗？我的回答可能要让你失望了：每个人的大脑都是差不多的解剖结构，宏观上并没有什么不同！并不像武侠小说所写的那样：同学，你骨骼清奇，是块练武的材料；同学，你多长了一块"优秀的脑回路"，天生是学习的好苗子，将来肯定能考上一流大学。

并非我一个人这样认为。在人类脑科学的发展史上，对成功人士和著名的"聪明人"的大脑的研究从来就没有停止过。科学家们一直试图探索天才们的大脑有什么独特的结构。

爱因斯坦、列宁、拜伦这些历史上的著名人物，他们的大脑都被解剖过。爱因斯坦的大脑甚至被哈维医生偷偷拿走，切成240块去做了解剖学研究。然而，哈维发现爱因斯坦的大脑最显著的不同便是比普通人要轻一些，而这最终被证明是他晚年小脑萎缩所致。

后来，终于有一位科学家发现，爱因斯坦的一个脑回特别大，他发表论文称，这就是爱因斯坦聪明和成功的秘密。但随后有更多的论文发表，来抨击这项研究结论：这是什么脑回？你先搞清楚解剖，这个脑回叫欧米伽区，是大脑管理手部运动的脑回。

为什么爱因斯坦管理手部运动的脑回特别大？因为他很喜欢拉小提琴，这个爱好伴随了他的一生。

综上所述，**人的成就有高低之分，但人的大脑没有贵贱之别。**不管人们的成绩是好还是差，只要是健康的，每个人的大脑生来在解剖结构上并没有太多的差别，并不存在所谓的"聪明的脑回"。人们的差别关键在于会不会使用大脑！

三、藏在微观世界里的秘密

成绩好的秘密并不在于"看得见"的宏观大脑，而在于"看不见"的微观世界。**学习的本质，是大脑增加看不见的"软件"，而不是看得见的"硬件"。

让我们正式进入大脑的微观世界,看看从脑科学的层面而言,什么是真正的学习。

正如你在图 1 中看到的,这就是神经细胞(神经元)的样子。任何人的大脑,包括动物的大脑,细分到细胞层面,都是类似的神经细胞。

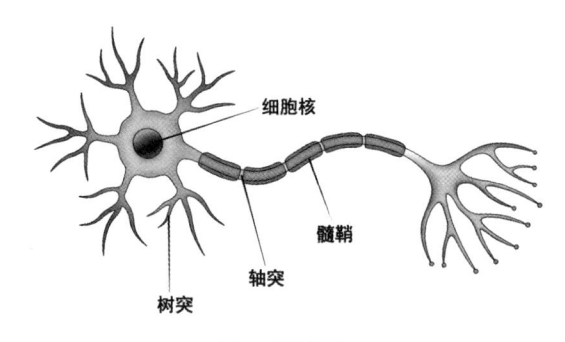

图 1　神经细胞

这是一种多角形的细胞,中间圆滚滚的细胞核承载着生命体的遗传物质。细胞体的每个角都伸出长长的"触手"并彼此相连,而这些"触手"叫作树突或者轴突,触手的连接叫作"突触"。**每个神经元的细胞体的大小在几微米[1]到 10 微米之间,肉眼无法观察到,只有用电镜或者特殊的显微镜才能看清。**

为什么要有这么多的触手和连接呢?因为大脑在本质上是一个信息处理工具。信息处理最重要的就是传递和交流。单个几微米大小的神经元并不会有任何作为。一般来说,连接越多,交流越活跃,大脑

1　1 微米 =0.001 毫米。

的功能就越强。

作为最复杂的信息处理器,人的大脑拥有 860 多亿个神经元,而每个神经元拥有超过 1.5 万个突触。每时每刻,我们大脑里数万亿个神经信号就像接力赛运动员一样在神经元组成的网络上飞奔着。

学习的本质并不是增加神经细胞,而是增加神经细胞之间的连接——突触。

这是人类进化过程中一个非常聪明的设计。因为如果学习本领会增加神经细胞的数量,那么随着知识的积累,大脑就会越来越大,每个人都会成为"大头娃娃",这对生物体而言是一种非常大的累赘。

如果知识越渊博头越大,你就会看到有很多大学教授、院士顶着大头在校园里或者研究所里走来走去,而校园里的学霸个个都是可爱的大头娃娃。那样的话,考察一个人的学识也不必考试了,直接量头围就行了。

实际上,神经连接并不增加大脑的体积,而只在微观层面(微米级别)长出树突棘(后面会详细讲述),就像计算机的软件一样。大脑这种只增加"软件"、不增加"硬件"的机制,很好地适应了资源有限的环境。

如果我们对一项技能或知识完全陌生,大脑的神经元可能就没有这方面的任何连接。当我们不断重复习得技能或者知识时,一个个神经元就开始手牵着手,慢慢地尝试进行新的连接。刻意训练的次数越多,重复得越频繁,神经元的连接就越稳定,我们所掌握的本领就越牢固。

可是,这又带来了另一个问题。就像软件是可以卸载的,如果一项已经掌握的技能长期不实践,已经习得的知识十几年没有被唤起过,

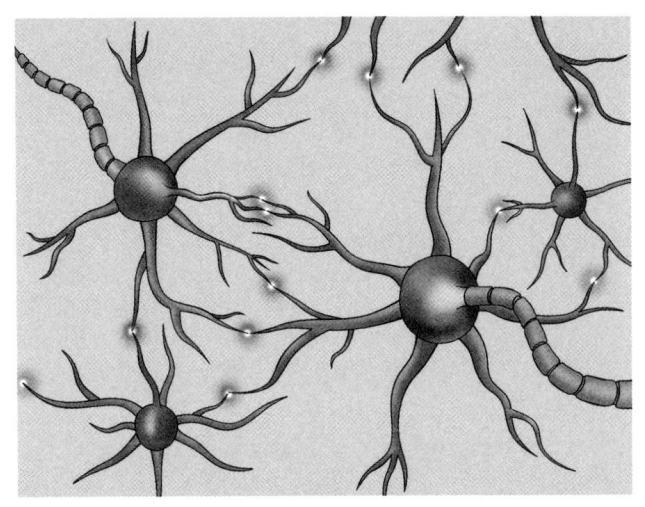

图 2　神经连接（突触）

那么大脑中稳定的神经连接就会慢慢减弱，直到完全消失。这个过程就叫作"忘记"。我现在就已经忘记 20 多年前高中老师教我的圆锥曲线和二次函数知识了，虽然当时我的数学成绩还不错。

无数神经元组成了神经连接，无数的神经连接进一步组合形成了神经网络，而神经网络就是我们思考和解决问题的有力武器。

所以，**一个人在学习上出类拔萃，是因为他的大脑拥有更加复杂的神经连接和神经网络。**

必须说明的是，神经细胞、神经连接和神经网络虽然都存在于微观世界，但都是物质的，并不属于精神世界。所以学习靠的并不是精神力量，而是有微观的物质基础。所谓的"学会"，并不是"心领神会"，而是真的长出了神经连接。用通俗的话说就是：**学习真的可以长脑子、长记性。**

2014年,《科学》杂志发表了一篇脑科学的研究论文,深刻阐明了学习对于大脑物质上的改变。[1]

科学家首先教小鼠学习一种新的运动技能(在某根杆子顶部保持平衡)。小鼠学会以后,立刻让小鼠去睡觉。小鼠睡醒以后,用一种新技术观看小鼠大脑皮质的微观变化。结果发现:在微米的层级上,小鼠的脑细胞的树突上长出了许多小小的"新芽"。这就是树突棘——构成神经连接的重要物质结构。

这项研究至少说明了三个问题:

第一,学习对大脑的改变,并不在精神层面,而在物质层面,只不过这种改变过于细微,所以我们平时感受不到。(这就好比细菌感染——大量微米级别的细菌在我们身上繁殖,让我们发烧生病。)正如长辈们一直和我们说的,学习可以长脑子!长出"新芽"树突棘的过程,就是真正的长记性。

第二,树突棘的数目与神经连接(突触)数是相关的。对于哺乳类动物来说,脑中的突触变化是学习的基础。

第三,学习要改变大脑,必须经过睡眠。研究中,科学家为了探索睡眠是否会影响突触变化,他们训练小鼠学习技能后,将它们分成两组进行研究。有些小鼠可以在学习后马上入睡,而另外一些小鼠则要经历一段8小时的睡眠剥夺时间。睡眠可令新树突棘数增加,而剥夺睡眠不利于新的树突棘的生长。

所以,睡觉也是学习过程的一部分。这就是为什么我做学生的时

---

[1] *Science*. 2014 June 6; 344(6188): 1173–1178. doi:10.1126/science.1249098。

候发现成绩好的同学大多保证了充足的睡眠！因为睡觉的时候才能长出树突棘，形成神经连接，让短期记忆变成稳定的长期记忆，以应对考试。

接下来，让我们看看第二项研究：伦敦出租车司机怎样通过学习改变大脑？

伦敦的道路非常复杂，能让GPS（全球定位系统）都陷入瘫痪。伦敦主干道很弯曲，主干道间的连接也是奇怪的夹角，城市中到处都是单行道，环形交叉路和"断头路"也随处可见。此外，伦敦采用古怪的编号系统，人们单看地址的话，经常会找错地方。

但伦敦出租车司机有着令人震惊的能力，他们能以最高效的方式把你从甲地载到乙地，不仅能考虑到各种可行路线的长度，还会估计一天中不同时间的交通状况、临时路况以及道路封闭情况。据报道，伦敦出租车司机要记住25万条街道，掌握城市不规则的布局。[1]

是什么让他们拥有如此惊人的能力呢？英国伦敦大学学院（UCL）的教授们将伦敦出租车司机和普通人做对比，通过磁共振成像技术发现，出租车司机们的大脑海马回躯干和后侧部分的体积比普通人的大。

大脑的海马回是记忆的关键部位，这一点后文还会详细讨论。伦敦出租车司机曾经也是普通人，是日复一日的训练和积累让他们拥有了惊人的记忆力和更大的海马回。这说明大脑的记忆能力是可以通过后天学习训练的。学习真的可以使大脑的物质结构发生变化！而且这

---

1 Maguire E. A.、Gadian D. G.、Johnsrude I. S.，et al. "Navigation-related structural change in the hippocampi of taxi drivers." *Proceedings of the National Academy of Sciences of the United States of America*. 2000.

种变化并不局限于儿童，在成年人中也一样会发生！

当我们记住一小段信息时，大脑内部大概有数千甚至数万个神经连接（突触）形成。因为只有发生物质上的改变，才有利于长期保留。所有的考试、竞赛依赖的都是长期记忆，而长期记忆所倚仗的就是大脑皮质物质结构的改变——通过神经连接和神经网络的形成，把知识和信息刻入大脑皮质。

反过来说，要想学得好、记得牢，一定要保证对大脑物质供应的充足，特别是形成神经连接所需的蛋白质的供应。如果大脑是储存知识的仓库，那么蛋白质就是建造仓库的砖头和水泥。

科学家曾对背诵后的学习者使用抑制蛋白质合成的抑制剂，干扰神经细胞、神经连接的形成，结果影响了学习者的记忆力。因此，养成学习型大脑的前提是保证大脑摄入丰富的营养。

早些年间，世界上某些贫困地区智力较低的孩子比较多，而这些孩子甚至没有办法完成义务教育阶段的学习任务，主要原因就是营养不良。他们的大脑里缺乏形成神经连接需要的基本物质。大脑能量不足或者大脑中没有形成突触所需的稳定物质，孩子的基本学习就无法实现，这是一个人无法通过自身奋斗和刻苦学习来克服的障碍。

我并不是鼓励大家多吃肉，而是想要告诉大家，肉、蛋、奶中含有丰富的蛋白质，可以在体内转化为氨基酸被吸收，而氨基酸是形成神经连接的重要物质。因此，越是学习辛苦的时候，越是要注意营养的均衡。我提倡每天摄入新鲜的优质蛋白质和足够的碳水化合物、纤维素，以保证"记忆工厂"正常运转。

既然影响一个人学习能力的并不是大脑的基本结构，而是微观世界的神经连接和神经网络，那么，怎样才能打造出强大的神经连接和神经网络呢？

答案是：刺激。

四、智力不在于开发，而在于刺激

作为一名脑科医生，我经常会听到朋友们问："怎样才能开发孩子的智力？"其实，从神经科学的角度来讲，智力不是开发出来的，而是刺激出来的。

如果说是"开发"，那说明每个人的大脑里原来就有异于别人的"宝藏"，教育就像开矿一样，要将宝藏挖出来。前文已述，大脑都是一样的，并没有不平凡的超人大脑。只要顺应大脑运行的规律，科学地使用大脑，就能够展现更高的智力水平。

从生物学角度分析，**"智力"就是生物对外界刺激的反应，其本质是为了让生物适应环境，以求更好的生存和繁衍。** 草履虫对不同水域盐浓度的应激反应就是最低级的生物智力。本质上，所有生物都是由类似于草履虫的单细胞生物进化而来的。随着进化和自然选择，因"智力不够"而不能更好地适应外界环境变化的生物都灭绝了。

学习和训练就是利用大脑的适应性重塑自我，从而提升智力，更好地适应当下的自然环境和社会环境。反过来说，外界的刺激可以改变大脑的内部结构，这是教育和训练的理论基础。而如果缺乏足够的刺激，大脑就无法形成神经网络和具备相应的功能。

美国哈佛大学医学院的神经生理学教授戴维·休贝尔曾进行过一个"盲猫"实验，把刚出生的小猫的左眼缝合起来，在小猫过了视力发育的关键期后给它拆线，将它的左眼重新打开。结果，小猫的左眼结构正常，却什么都看不见，成了独眼猫。这是因为缺乏光线的刺激，小猫大脑皮质中处理左眼信息的区域没有得到发展。即使照相机（眼睛）正常，如果解码器（大脑）能力不够，也无法照出照片（形成视力）。

也曾有婴儿因为眼球感染，不得已要将眼睛蒙住消毒换药，因此错过了视觉发展的关键期，即使后来眼睛治好了，仍然不能拥有正常的视力。同样，人在小时候如果没有睡过摇篮或者没有被父母经常抱在怀里摇晃，前庭神经发育过程中缺乏刺激，长大后就容易晕车晕船。

所以说，学习成长的过程就是雕塑大脑的过程，岁月的磨砺（刺激）就是一把把刻刀，而父母和老师就是孩子大脑的雕塑师。

请大家思考一个简单的问题：如果克隆一个学霸，克隆人会不会也成为学霸？

克隆的我是不是我？比如现在用我的基因做一个克隆人，那他能不能变成和我一样的人？答案是：不能。为什么？因为基因可以复制，但岁月不能复制，刺激也不能复制。

爸爸妈妈给我们的大脑只是一个初胚，而我们上过的每一堂课，遇到的每一个人，经历的每一件事情，都在雕刻着我们的大脑。复制体能不能经历和我们同样的岁月，拥有同样的欢喜和伤痕来雕刻他的大脑？我认为不能。

还记得童年时，我穿着开裆裤在院子里跑，我外婆就端着一个碗追着我跑："快点把这块肉吃下去！"这样的日子再也回不去了。小学的时候，我做数学题做不出来，在一旁陪伴我的母亲也不会做，我们便共同思考问题，尝试不同的解法，最终一起攻克了难题。这样的岁月回得去吗？回不去了。

要想大脑形成复杂的神经连接和神经网络，就要给大脑丰富而多元的刺激。

美国研究心理学家马克·罗森茨威格将基因相同的小老鼠分成三组，根据环境刺激源的丰富程度，分别在贫瘠环境、正常环境和丰富环境下饲养它们，结果发现：在贫瘠环境下生长的老鼠脑内的突触数量最少，大脑最小，神经递质的浓度也最低。

由此可见，"单一"的刺激不利于大脑发育。这就是为什么"死记硬背"会让孩子的思维变得单一，削弱孩子的自信。

回顾本章开头，我提到很多成绩好的孩子还担任了班里各种职务，开展了许多社会活动，也有丰富的爱好。这些活动看似挤占了他们学习的时间，但其实也让他们与自然交往、与社会交往、与人交往，给他们的大脑带来了丰富而多元的刺激，让他们的大脑形成了更加复杂的神经网络。他们因此反应更快，思维更开阔，就像打通了学习的"任督二脉"，故而不论学什么都能效率很高，游刃有余。

所以，**一个人不是因为"有天分"所以能够全面发展，而是因为"全面接触"各项活动而表现得更好。**

美国第 26 届总统西奥多·罗斯福就读于哈佛大学时，是个精力旺盛、爱好极其广泛的学生。他的兴趣包括拳击、摔跤、健身、舞蹈、诗歌和自然学。大一结束时罗斯福就出版了自己的第一本书《阿迪朗达克山脉夏季里的鸟》（ *The Summer Birds of the Adirondacks* ），被莫里斯评为"美国最博学的青年学者之一"。

如果你认为罗斯福的课外兴趣分散了他上主课的精力，会影响他的学习成绩，那就错了。在大一的 7 门主要课程中，他有 5 门获得了优秀。他自己也认为，他成绩优异的原因在于广泛涉猎和对学习时间的独特安排。

那么，"丰富而多元的刺激"具体是什么？具备刺激源以后，应当如何施加刺激才能形成学习型大脑呢？本书后文将详细讲解这两个问题。其实，刺激并不神秘，在我们的生活中俯拾皆是。简单说，父母充满爱意的陪伴、笑容和话语，都是促进孩子大脑发育的良性刺激。

本章先简要归纳常见的两大类有益于大脑的刺激源。

1. 大自然的刺激

人类来自大自然。大自然里拥有最丰富的促进大脑发育的刺激源。温暖的阳光、徐徐的清风、潺潺的流水都可以促进大脑"快乐激素"（血清素、内啡肽、多巴胺等）的分泌。建议各位学习者，尤其是孩子，平时学累了就多到户外走走，用心倾听自然的声音，促进大脑感知能力的发展和发育。日本诺贝尔奖获得者江崎玲于奈就曾指出，一个人在幼年时通过接触大自然，萌生出最初的探索欲望，是通往产生一代科学巨匠的道路。

2. 社会活动的刺激

社会化是人类大脑的第一需求。人之所以能成为一个人，是因为他被当成一个人来养育。仅仅确保营养和卫生是不够的，如果没有沟通和身体接触，人就无法健康成长。

"二战"以后，美国精神分析学家勒内·斯皮茨对孤儿院的孩子做了调查。孤儿院能够保证孩子们的温饱，可是欠缺感情交流，因为孤儿院聚集了许多小孩，照顾的人手不足，无法保证跟每一个婴幼儿好好沟通。调查结果显示，在91个孩子当中，有34个孩子不到两岁就去世了。

J.E.辛格在他所写的《狼孩和野人》一书中记录道：1920年，在印度加尔各答附近的一个山村里，人们在打死母狼后，在狼窝里发现了两个由狼抚育过的女孩，其中大的七八岁，被取名为卡玛拉；小的约两岁，被取名为阿玛拉。后来她们被送到孤儿院抚养。阿玛拉于第二年死去，而卡玛拉一直活到1929年。七八岁的卡玛拉刚被发现时，只有六个月婴儿的智力，人们花了很大气力都不能使她适应人类的生活方式。两年后她才学会直立，六年后才艰难地学会独立行走，但快跑时还得四肢并用。直到去世，她也未能真正学会讲话。在人生的最后三年中，卡玛拉终于学会在晚上睡觉，也像人类一样害怕黑暗了。但很不幸，就在她开始朝着人的生活习性迈进时，她的人生却戛然而止了。辛格估计，卡玛拉去世时已17岁左右，但她的智力只相当于三四岁的孩子！

所以说，学习者要脑子"灵光"、身体健康，一定要多增长见识，多与人交流。不论是为了孩子的智力发育还是身体健康，家长都要多带他们参加丰富的属于"人"的社会活动，比如团体手工活动（剪纸、拓印、绘画等）、亲子游戏（击鼓传花、两人三足、果蔬大战等），让孩子更多地与他人接触，培养他们的人际交往能力和语言能力。发现孩子的兴趣或者特长之后，要给他们创造进一步专业训练的机会，他们的大脑潜能才能进一步被激发出来，形成自己的一技之长。

具备刺激源后，还需要学习者主动参与刺激。

神经科学领域有两个著名的老鼠大脑实验。

第一个是碰触实验。实验发现，同样的老鼠碰触相同的东西，主动碰触和被动碰触相比，老鼠大脑内的反应强十倍。

第二个是水迷宫实验（强迫大鼠、小鼠游泳，学习寻找隐藏在水中的平台的一个实验）。实验发现，主动学习的小鼠大脑神经连接密度更高，学习效率也更高。

动物实验提示，学习者主动学习、主动探索可以大幅度提升其大脑的发育。那么，关于人脑的实验结果呢？

美国缅因州的国家训练实验室提出了"学习金字塔"理论，它用数字百分比直观地显示了采用不同的学习方式，学习者在两周以后还能记住多少内容（学习内容平均存留率）。

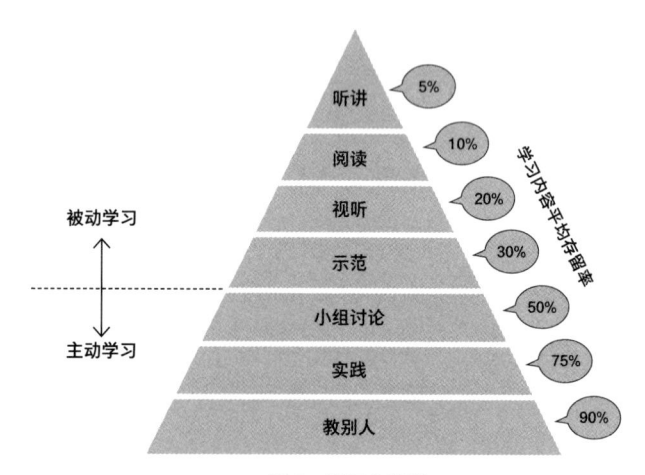

图 3 学习金字塔

第一种方式——"听讲",老师在上面说,学生在下面听,这种我们最熟悉、最常用的方式,学习效果是最差的,两周以后学习的内容只能留下 5%。

第二种,学习者通过"阅读"的方式学到的内容,可以保留 10%。

第三种,结合"声音、图像"来学习,可以记住 20%。

第四种,观看"老师示范",可以记住 30%。

第五种,通过"小组讨论"进行学习,可以记住 50% 的内容。

第六种,"在项目中学习"或"实际演练",学到的内容可以保留 75%。

第七种,在金字塔基座的学习方式,是"教别人"或者"马上应用",可以让人记住 90% 的学习内容。

人脑实验提示,学习内容平均留存率在 30% 以下的几种传统方式,都是被动学习;而学习内容平均留存率在 50% 以上的,都是团队学习、主动学习和参与式学习。

为什么老师总是比学生懂得多?其实,老师并不一定比学生的智力高。在传统的教学方式中,老师是在"教"中学,而学生总是被动地学习。

学习者可以多参与小组讨论发言,在做项目中学习或者现学现卖,主动地汲取知识,交流分享,提升学习效率。

如果你是家长,我建议平时多引导孩子参与项目式的学习(比如共同组装一辆简易小汽车、运用纸箱制作滑梯、设计家庭小剧场等),让孩子在做项目的过程中主动发现问题,解决问题。这样可以最大限度地激发大脑的活力,使之形成更复杂的神经连接和神经网络,养育出积极而又聪明的孩子。

Chapter 2

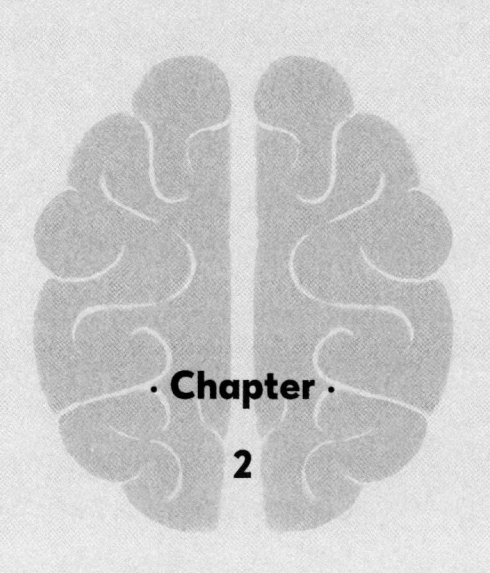

学会学习：
重构大脑的内部模型

一、天才、天赋背后的脑科学原理

天才究竟是怎么回事？可以被人为创造或者毁灭吗？中国古代就有《伤仲永》的故事。为什么许多"少年班"的"天才"或者"神童"最终沦为平庸之辈，而普普通通的少年长大后却可以出人头地？

天才就是智商高吗？

许多人认为，天才就是智商高，能在智力测试中拿高分。

这个说法不靠谱，因为智力测试本身就不太靠谱。智力测试自从诞生以来就碰到过不少"打脸"的情况：许多被检测为"高智商"的孩子长大后，并没有取得什么成就。相反，不少智力平平的孩子长大后反而功成名就。

所以，你去问脑科学工作者或者脑科医生关于智力测试的问题，他们大多数会摇摇头，因为他们都知道：智力是刺激出来的，而且会动态变化。

现代智力测验开始于1904年法国早期心理学家阿尔弗雷德·比奈和西奥多·西蒙对智力能力的评估。当时，法国政府面临着儿童教育中个体差异极大的问题。一些儿童似乎很难从正规的学校课程中获得益处，他们需要通过特殊的课程来学习，然而学校和教育部门对如何甄别出有特殊需要的儿童却束手无策。

法国教育部部长任命比奈等人来研究这个问题。比奈接到任务后，和他的合作者西奥多·西蒙决定编制一项客观的测试，来甄别出那些在课堂上学习有困难的儿童。他们编制了多种涉及推理和问题解决的题目，并反复进行测试，最终形成了世界上第一版智力测试量表（比奈－西蒙智力测试量表）。

你看这像什么？这就像我们读中学时分 AB 班的卷子。你说，用一张试卷去预测一个孩子的未来成就，它靠谱吗？

值得一提的是，比奈本人也坚信：智力测验并不能像米尺测量身高一样测量人们的先天智力。因为智力并不是一个维度的固有属性，而是动态变化的。他在其著作《儿童学的新观念》中写道："一些现代哲学家断言，个人的智力是一个定量，这个定量是不会越来越多的。我们必须同这个残忍悲观的结论进行对抗，通过练习、培训以及最重要的方法来增强自己的注意力，提高自己的记忆力和判断力，让自己变得比以前更聪明。"

比奈－西蒙智力测试量表的目的只是甄别出需要特别关注的学生并帮助他们，同时促进儿童教育的发展，而并不是用来判断某人是否天赋异禀或者预测某人未来是否会取得伟大的成就。

许多神经科学家认为：**可能不存在高智商或者低智商的孩子，只存在高智商或者低智商的教育方法。**

英国伦敦大学学院韦尔科姆基金会神经成像中心研究团队曾在《自

然》杂志上发表论文称，青少年的智商会随着年龄的增长出现明显的变化。高智商的孩子并不一定能一直保持下去。相反，在低年级表现并不出色的学生将来很可能智商变得很高。

该研究团队分别在 2004 年和 2008 年对 19 名男孩和 14 名女孩进行了跟踪式的脑部扫描和智商测试。该测试分为口头测试和笔试两部分。口头测试主要涉及数学、英语、记忆和知识面等；笔试主要侧重于考察空间推理、图片分析等方面的能力。结果显示，部分接受测试的青少年在平均年龄 14 岁和 18 岁时智商出现明显提高或者下降，39% 的青少年在口头测试方面发生变化，21% 的青少年在笔试方面发生变化。

人的智力并不是一成不变的，会随着人的生活境遇发生改变，所以精心培养和不懈努力非常重要。美国著名的心理学家和教育家本杰明·布卢姆对近千名儿童进行了从出生到成年的跟踪研究，发现人的智力会随着年龄的增加而改变，5 岁以前是智力发展最迅速的时期。

天赋是某项技能吗？

很多人把天才或者天赋理解为一项技能，比如说唱歌好听、背诗词过目不忘或者会武术。如果一个孩子在起跑线上就拥有这些技能，常常就会被认为是天赋过人。

天赋在英文中是 gift。gift 直接翻译是什么意思呢？礼物。

如果你认为上天送给孩子们的礼物是一项技能的话，那就把老天爷想得太小气了。因为**上天送给孩子们最好的礼物并不是某一项技能，而是一个可塑性很强、适应性很强的大脑**。大脑可以顺应自然和社会环境的改变，不断调整自身的神经连接和神经网络，发展出各种技能。因此，我们的祖先走过了进化的漫长岁月，在经历风风雨雨之后创造了灿烂的文明。"学习好"、"唱歌好"、"跳舞好"都只是大脑这份礼物的副产品。

从这个角度讲，上天给了我们每个人机会，每个人都有可能成为天才，可以通过科学的训练方法习得各种特殊技能。

天才可以被创造

莫扎特从小就显示出特别的音乐天赋：具有绝对音高。在莫扎特所处的时代，这项技能很罕见，许多人怎样都练不出来，正因如此，莫扎特被认为是万里挑一的天才。

然而，现代神经科学已证明：绝对音高是可以被训练出来的。日本的一位神经科学家和音乐家合作，对一批孩子进行训练，结果显示，只要掌握了科学的方法，所有的孩子经过一段时间的训练之后，都可以掌握绝对音高。

我们再回过头看一下莫扎特的成长环境。莫扎特的爸爸本身就是一个音乐家。他一直在有意识地培养自己的孩子，首先培养了他的女儿——莫扎特的姐姐。莫扎特姐姐的音乐能力也非常强。然后莫扎特的爸爸把培养女儿的经验应用到莫扎特身上。因此，莫扎特从小就接受了很多音乐的启蒙训练和正规教育。这刺激他的大脑产生了大量关于音乐的神经连接和复杂的神经网络。所以，他不仅掌握了绝对音高，还在很小的时候就学会了谱曲。

学习的本质就是创建神经连接，而这个连接必须在刺激（有效训练）的作用下才能形成。整个过程好比在一片荆棘丛林中走路，走得多了，路自然就出来了。

大脑不断地接受有效的重复训练，逐渐适应之后产生了新的神经连接和神经网络，其结果就是：你"学会了"！你掌握了某项技能，你的能力增强了，这就是大脑的可塑性。

很多"天才"其实一开始并没有认为自己是天才，只不过他们有意或者无意中接受了训练，提升了某种技能。接着，他们的成果被社会肯定了，激发出他们更浓厚的兴趣和更强的动力。于是，他们愈发刻苦训练，在训练的过程中又受到了表扬。然后，他们的自信心爆棚，认为自己确实有天分，更加自信。就这样，他们进入了被肯定——产生兴趣——训练——加强连接——提升技能——进一步被肯定——更加有兴趣——更加努力训练——进一步提升技能的良性循环。这就是"天才"诞生的过程。

现实生活中，我们总发现，不管走到哪里、参加什么培训，总有人遥遥领先，我们就会认为那些人更有天赋。其实不然。当你看到有人领先于你时，你要记住：这只是故事的开始，而不是故事的结局。

一个人虽然刚开始时走在前面，但如果他不刻意地去训练自己并不断加强神经连接，不持续地努力，他慢慢就会落在后面。相反，我们可能开始的时候不太行，但是通过持之以恒地奋斗，日复一日、年复一年地训练，我们也能提升自己的技能。

古希腊有位雄辩家，叫德摩斯梯尼。他天生口吃，嗓音微弱。在常人看来，他似乎没有一点当演说家的天赋。但为了成为一名出色的政治家、演说家，德摩斯梯尼付出了超过常人几倍的努力：为了改进发音，他把小石子儿含在嘴里朗读，迎着大风和波涛讲话；为了去掉气短的毛病，他一边在陡峭的山路上攀登，一边不停地吟诗；他在家里装了一面大镜子，每天起早贪黑地对着镜子练习演说……

经过十多年的磨炼后，德摩斯梯尼终于成为一位出色的演说家，因为著名的政治演说而建立了不朽的声誉。他的演说词结集出版，成为古代雄辩术的典范。

现代脑科学最有意义的发现之一，就是肯定了大脑的可塑性。而且大脑的可塑性一辈子都存在。因此，在人的一生中，什么时候开始学习都不算晚。

天才的诞生需要条件和方法

虽然大脑的可塑性极强，每个人都有成为"天才"的可能，但是天才的诞生需要条件和方法，即前文讲的"刺激"。只有施加足够的刺激，才能打造出新的神经连接和神经网络。而如果不能得到充分的刺激，一个人就算有潜力也可能无法发挥。

昆虫自然生长就可以振翅飞翔。然而在实验中，科学家把刚生下来的昆虫放在一个小盒子里，不让它们飞。等这些昆虫长大后，把盒子打开，发现它们无法飞翔，只能原地振翅。跳蚤是天生的跳高冠军，可以跳 1.5—3 米。可是如果跳蚤生下来就被困在 30 厘米高的盒子里，长大后即使将盒子打开，它们也只能跳到 30 厘米的高度。

父母的高度决定了孩子的高度。在《伤仲永》的故事中，仲永

"伤"在哪里呢？伤在了培养方法上。缺乏相应的刺激环境和训练，先天禀赋（其本质也是神经连接）就算是极高的，也会因为该项能力无须施展甚至无法施展而慢慢荒废。

因此，要想在学业上有所突破，首先要养成"学习型大脑"。否则，就算一度超前，赢在起跑线上，最终也难以达到预期。那么，怎样才能提升人的智力，打造学习能力极强的"学习型大脑"呢？

解决方案就是——改造大脑的微观物质世界。

二、改造大脑的微观物质世界

每个健康的大脑都拥有被打造成"学习型大脑"的潜质，并且这个打造是物质层面的打造。**学习的目标应该是通过一系列学习和生活行为来达到改造大脑微观物质世界的目的，通过建立微观世界的神经连接和网络，千锤百炼出真正的"学习型大脑"，以应对繁重的作业、考试以及未来复杂的职场环境。** 如果方法不对或者程度不够，没有达到改造大脑的微观物质世界的程度，那一切的努力都是徒劳。这就是为什么我们总是抱怨"我已经很努力了，却还是学不好、记不住"。

要从哪几个方面努力，才能达到改造大脑的目的呢？首先我们来看几个很努力，却依然学不好的案例。

- 小张是我的同桌。中考前,他买了一大堆参考书,复习得昏天暗地,每天都非常疲劳、紧张。于是,他一边听音乐或者新闻一边学习,觉得这样可以稍微放松点。我问他:"你看过这么多参考书,都记住了吗?"他揉了揉黑眼圈,说:"我也不知道记住了没有,但不看心里过不去,看了心里舒服一点。"不幸的是,小张中考考砸了。

- 小陈是个乖孩子,在妈妈的监督下练习钢琴。妈妈不会弹钢琴,只起到监督作用。小陈练钢琴极度认真,只是总练习同一首练习曲。因为练习新曲子会出错,小陈怕出错会被骂,而旧的曲子越来越熟练,不会出错,弹得就很开心。结果,小陈的钢琴水平一直原地踏步。

- 小李一直想把英文学好,他的办法是背单词。他买了本厚厚的"红宝书",从首字母为 A 的单词开始背,一直背到 Z 开头的。小李性格内向,不喜欢开口和老师、同学们说英语,也没有太多时间看英文阅读材料或者练习英文写作。他几乎把所有时间都花在了背单词上。结果,单词背了一大堆,小李的成绩还是上不去。

- 小吴是个非常用功的孩子。高考前,紧张的复习计划让小吴觉得时间总是不够用。小吴想到古代头悬梁、锥刺股的故事,决定压缩睡觉的时间,争取更多的学习时间。在小吴的不断努力下,终于达到了三天睡两觉的境界!虽然小吴学的时间很长,可是他总是很难记住知识点，今天背，明天忘。考试的时候，小吴看着题目总觉得在哪里看到过，可就是想不起来答案。他高考失利，只能复读。

他们的学习方法错在哪里？在分析之前，我们先看几个正面案例。

• 《深度工作——如何有效使用每一点脑力》一书中写到，心理学家卡尔·荣格在苏黎世湖北岸的偏僻村庄建立起了两层石头房子，并将其称作"塔楼"，作为他的私人办公室。"我随时都带着钥匙。没有我的允许，任何人都不得进入这个房间。"荣格会在早上7点起床，吃一顿丰盛的早餐，然后在私人办公室中度过两个小时深度沉浸且不被人打扰的写作时间。下午则在乡村长时间地散步和冥想构思。仅仅一年之后，他发表了重要著作《心理类型》（*Psychological Types*），总结了长久以来他与曾经的好友兼导师西格蒙德·弗洛伊德在思想上的诸多差异。后来他成为20世纪最具影响力的思想家之一。

• 数学家华罗庚读书的方法与众不同。他拿到一本书，不是直接翻开从头至尾地读，而是先对着书思考一会儿，然后闭目静思，猜想书的谋篇布局、情节发展，斟酌完毕再打开书。如果作者的思路与自己猜想的一致，他就不再读了。华罗庚这种"猜读法"不仅节省了读书时间，而且培养了他的思维能力和想象力。

- 美国开国元勋之一本杰明·富兰克林曾经谈到他是如何练习写作的:"我偶然间看到了一本书,认为其中的文章写得好极了,于是想模仿、学习它的风格。因此我挑出几篇文章,把每一句的思想进行一个简单的概括,接着把它放一边几天,等我快把这些文章忘记的时候,不看原书,用我自己想得起来的合适词句,把每一点概括的思想用完整的语句表达出来,又凑成完整的文章,然后我把自己仿写的文章与原文比较,发现其中的一些不足,再进行修改完善。"

- 奥运冠军谷爱凌自述兼顾学业与滑雪训练的法宝是"每天睡足10小时",而她的妈妈谈及培养孩子的心得时,也说"第一是多睡觉"。很多人感叹:没想到在睡觉这件事上就已经与人家拉开差距了。

他们做对了什么才表现得如此优异?

学习是大脑的工作。想要学习好,就要让大脑好好为你工作。这一切的前提是所有的学习活动符合大脑本身的生理规律。很多人有意或无意间发现了大脑的运行规律,所以能做到顺水推舟,以小博大,极大地提高学习效率。而也有许多人与大脑的运行规律背道而驰,只知拼命"努力",却不知休息越少,对大脑的伤害就越大。当大脑和你对着干的时候,自然不会有好的结果。

1. 深度沉浸

小张虽然努力,但他的努力只感动了自己,而无法感动考官。我们一定要改变这种观念：无论学习什么，只要努力、肯花时间，就一定能进步。小张虽然看了很多参考书，可是看书的时候并没有深入思考，而是三心二意地听音乐、新闻，所有知识看过就算数，可谓"表面学习"。相反，荣格创造条件，不被打扰地深度沉浸于思考和写作，高度集中于学习本身，故能有所突破。同样，马克·吐温在写《汤姆·索亚历险记》时，大部分时间都待在纽约库阿里农场的一间小屋里，他的书房离主要房屋区太远，并且他太沉浸于写作，以至于他的家人要吹号吸引他的注意力，召唤他去吃饭。

只有摒弃了环境的干扰，绝对专注，学习者才能深深地沉浸于学习活动本身。专注力打开了大脑的"深度学习模式"，就像"透镜效应"一样，让大脑的全部能量集中在一个点上，又仿佛捕猎的老虎，全神贯注地盯着自己的猎物。此时，大脑处理信息的效率最高，神经连接也最容易形成。

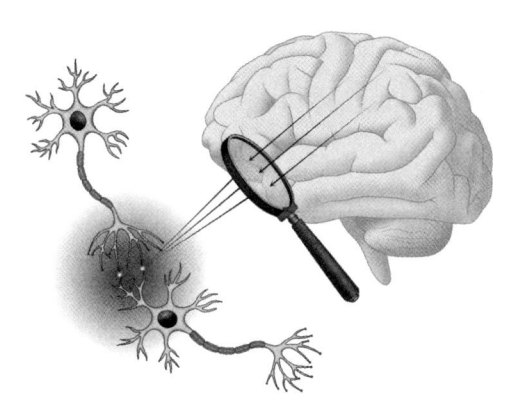

图 4　透镜效应

我的一个好朋友，孩子学习特别好。许多人向他请教学习方法，他说也没有什么特别的，就是每次写作业的时候都当成考试一样对待。写作业时规定好 40 分钟的时间，闹铃不响不许玩手机、说话、上厕所，保证注意力高度集中于作业本身。这样等到考试的时候就能像在家写作业一样淡定从容，游刃有余。想想我们许多同学，在写作业的时候都有三心二意的习惯——打电话、发微信、刷短视频，打断了大脑深度学习的过程，无法完成"透镜效应"，效率肯定要打折扣。

2. 突破舒适区

小陈虽然努力练琴，却一直不敢突破自己，而是在舒适区里打转，这是浮于表面的练习，无异于浪费时间。华罗庚先生从不在舒适区里浪费一分一秒，用"猜读法"跳过舒适区，找到自己的盲区，有针对性地学习新知识。

跳出舒适区，要做到两点：第一，不断吸收新知识。这是建立崭新的神经连接的过程。第二，对于已掌握的知识，需要通过别人的反馈和自己的反思来寻找漏洞，找到神经连接中最薄弱的环节，反复锤打（练习），使整个知识链条更牢固。

如果把神经连接想象成一个铁链条，学习就是不断锤打链条的过程。

图 5 "学习"链条

其中的原理是，一个神经连接或其中的某个环节被使用或者提及的次数越多，它被大脑保留下来的可能性就越大。安德斯·艾利克森和罗伯特·普尔的《刻意练习》一书中提到：杰出并非一种天赋，而是一种人人都可以学习的技巧，成为杰出人物的关键在于刻意练习。

安德斯·艾利克森是瑞典网球选手，他用刻意练习的方法，在三年内从草根选手成长为全球顶尖的网球选手之一。安德斯·艾利克森通过仔细观察、深入分析和反复练习，逐步掌握了网球比赛中的关键技能，如发球、截击、回球等。同时，他不断挑战自己，参加更高难度的比赛和训练，不断提高自己的能力。

"勤能补拙是良训，一分辛苦一分才"，外科医生、钢琴家、奥运健儿以及各行各业的佼佼者莫不如是。想要成为专家，必定要进行艰苦的训练。

3. 基于应用的学习

小李背了许多英文单词，可以说是"单词大王"。可惜，不能应用的单词是"死单词"。语言的学习在于深度应用，在于举一反三，在于在不同语境下灵活运用从而掌握其丰富的含义。富兰克林学习写作的办法并不算多么有创意，但却可以让他迅速在模仿中找到自己的弱点并进行刻意练习，同时以写促学，在应用中把所有的词语变"活"了！大家在学外语的时候，或许也听老师提到过：先把优秀的外文文章翻译成中文，过几天再翻译回去，拿自己的译文和原文作对比，能迅速提升外文写作水平。这就是富兰克林学习法在外语学习中的应用。

4. 睡觉是学习的一部分

小吴很用功，也花了很多时间背知识点。可是小吴不知道，睡觉也是学习的一部分。如果想把一个知识点在考试中运用自如，就一定要将它沉入大脑深处。而大脑在整理信息，把短期记忆转化为长期记忆，长出"树突棘"的过程中，一定要经过睡眠。睡眠时间不足，大脑整理信息的时间就不足，即使白天学的再多，大脑来不及整理，也会统统删去，等于白学了！谷爱凌在保证睡眠的情况下兼顾滑雪与学业，是非常符合大脑的生理规律的。

三、大脑认识及改造世界的运行程序

许多人都遭遇了以下两个痛点：

（1）花了好多时间，记住了许多知识点，却依然学习成绩不好。

（2）读了很多书，懂了很多道理，却依然过不好这一生。

为什么会这样？**因为打造学习型大脑，不仅要记住知识，更重要的是学会应用知识。**

请先思考一下这两段话：

在计算机里，解决问题的是数据还是应用程序？
在现实世界里，解决问题的是知识还是应用知识的能力？

石器时代并不缺石头，缺的是将石头改造成石器的能力。
信息时代并不缺信息，缺的是将信息有效组合起来产生价值的能力。

"打造学习型大脑"的第一个任务是通过改变大脑的微观结构来"记住"知识。但"记住"知识与解决现实问题（考试、做题、工作等）相去甚远。单个知识点（一个或数个神经连接）犹如单只蚂蚁或者计算机中的一个小数据，本身并没有太大的意义。只有将多个知识点组合起来（犹如蚂蚁集群、大型应用程序）并且活学活用，才能真正解决问题。

知识只有在使用中才能体现其价值。那么，如何将大脑里大量的知识组合起来，灵活应用，创造价值？这就需要完成"打造学习型大脑"的第二个任务：**打造大脑里解决问题的应用程序——大脑内部模型。**

"内部模型"是脑科学名词，指无数神经连接所组成的巨大神经网络。大脑的思考依赖数以亿万计的神经细胞、神经连接的互动。无数神经电信号在网络里游走,迸发出思维的火花,这就是神经网络。

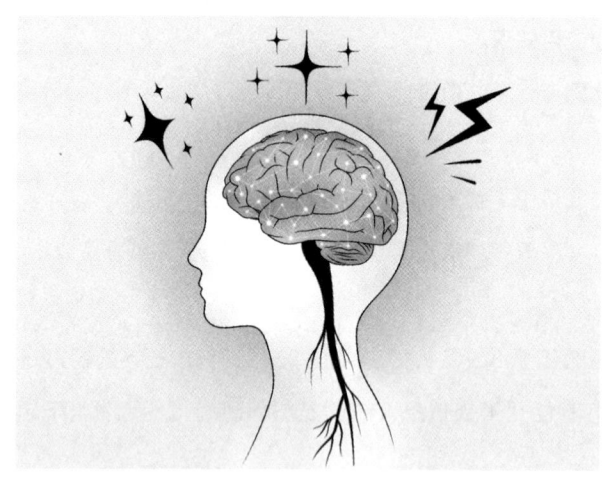

图6 复杂的人类大脑神经网络

你是看热闹,还是看门道?

人类大脑是怎样通过内部模型认识世界的?我举个例子。

提到《蒙娜丽莎》,你会想到什么?你脑海中可能立刻浮现出一个女人的模样,一幅达·芬奇的画。她有着长长的头发,脸上挂着神秘的微笑,穿着长裙。

这就是你脑中关于《蒙娜丽莎》的内部模型。下次当你看见类似的画时,你可能会脱口而出:这不就是《蒙娜丽莎》吗?

然而,你对《蒙娜丽莎》的内部模型太模糊了,如果我拿的是足以乱真的赝品,你能认出来吗?据说,卢浮宫有段时间展出的《蒙娜丽莎》并不是真品，你能认出来吗？

我去过卢浮宫，也看过这幅画，但我认不出来是真品还是赝品，因为我不是这方面的专家，在我的大脑里，并没有建立起关于达·芬奇名画的专业的内部模型。我就是夹在里三层外三层的观众之间，看个热闹，拍张照。

"脑补"是怎么来的？

如果我告诉你，大脑看东西就是看了个大概，你相信吗？

请问下面这张图是什么？

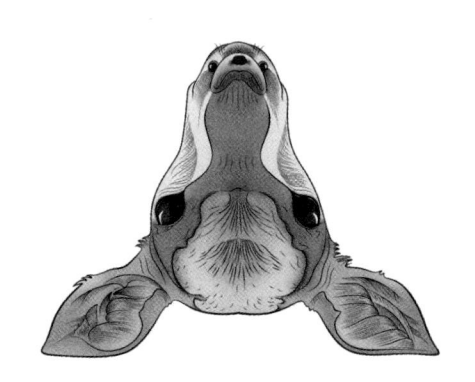

图 7　鼹鼠

很简单，是只鼹鼠。可是当你把这张图倒过来看，是什么？

图 8　梅花鹿

是一只梅花鹿。

人类大脑适应的是正向看事物，而不是倒向看事物。大多数的内部模型都是正向的，所以信息进入大脑以后，首先会被按照正向的内部模型来判定。如果人一生下来就是倒过来看东西，所有内部模型都是倒置的话，首先看到的就会是梅花鹿。

不过，现在我告诉你，倒过来能看到另一个世界，之后你开始升级大脑的内部模型，下次再看的时候，你既能看到鼹鼠，又能看到梅花鹿。

大脑看东西，只是看了个大概，只要接收到的小部分信息和大脑的内部模型符合，就会将其判定为同一类。这是大脑可以快速高效处理信息的原因，但也是许多人"粗心大意"或者"看错"的原因。

为什么第一印象很重要？

"一千个读者眼中有一千个哈姆雷特。"这句话从脑科学的角度分析就是，因为一千个大脑里有一千个不同的内部模型，所以对哈姆雷特产生了不同的理解。

我们知道，"看见"东西，并不是眼睛看见，而是大脑"看见"，眼睛只是一台超级精密的高级摄像机，带给大脑光线的信号。可是，大脑看见东西是百分之百依赖眼睛所传入的视觉信号吗？

在视觉的信号通路中，有三个重要节点：视神经、丘脑、视皮质。

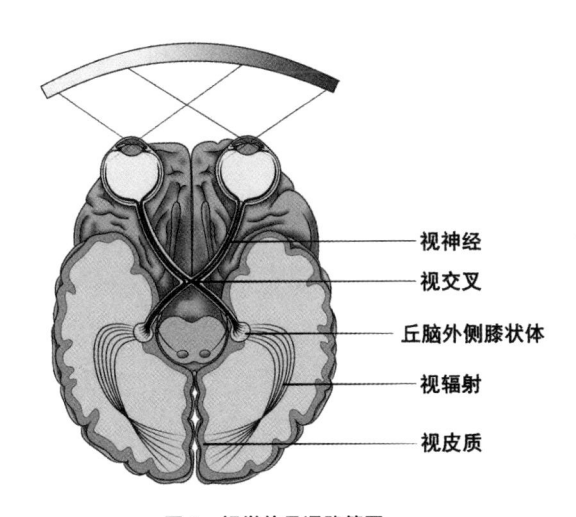

图 9　视觉信号通路简图

如果大脑看东西百分之百依赖视觉信号，那么信息的传递很简单，就是视觉信息全部通过视神经传递到丘脑外侧膝状体，再传到视皮质，重建成像。但真实的情况让人大跌眼镜：视皮质发往丘脑的信息（反向传递）是眼睛传入信息的六倍！

也就是说，大脑看东西，**七分之一的信息来自眼睛，七分之六的**

信息来自大脑内部——大脑的内部模型。

眼睛接收到光线信息后,把它发往丘脑和视皮质,同时视皮质的内部模型也将信息反向发往丘脑。丘脑将眼睛的信息和视皮质的信息相互比较,如果是近似的,就判定为同一类事物。

你在第一次接触一个人的时候,大脑就会开始构建关于此人的内部模型。如果关于这个人的内部模型是美好的,那么下次再见到他的时候,只要接收到一点点信息,大脑就会自动将美好的内部模型和他进行匹配。他实际上穿得有多随意,脸上有多少瑕疵,并不重要,这些都会被现有的内部模型美化掉。除非出现一些突发情况,让你修正了关于他的内部模型。

所谓"良好的印象",就是大脑里良好的内部模型。这也是"情人眼里出西施"的原理。

内部模型有助于高效认识世界

为什么大脑要靠内部模型认识世界呢?这样做不是很容易犯错吗?

因为内部模型是认识世界和改造世界最高效的手段,只需要接收到一点点的信息,就可以补充大量的信息来帮助我们做出判断、采取行动。

比如,你走在回家的路上,不必去探究从自己身边飞驰而过的、拥有四个轮子的物体是否危险,内部模型会告诉你:这是汽车,它们遵守着交通规则,不会撞你。你看见了带着绿色叶子的植物,内部模型会告诉你:这是绿化带的树木,是用来遮挡阳光和净化空气的,上面没有蛇,也不会滴有毒的汁液,放心地在树下走吧。

当你开车回家时，因为熟悉每一个街景，了解每一处细节，你会越开越快：前面这个红绿灯是坏的，也没有多少行人，不必一直等，眺望路况确保安全后可以直接开过去；转角发现两个车屁股，不要紧，它们是"僵尸车"，不会动的，直接开过去就可以。

回家的路永远比离家的路要近，因为你太熟悉了，虽然还没到家，但你感觉已经到家了。

如何打造专家和学霸？

知道了什么是大脑的内部模型，我们就可以从脑科学的角度来理解人脑的工作方式。

什么是专家？专家也是人，只是他们的大脑里有着更为成熟、细腻的内部模型。所以在专业领域里，只有专家才能看出门道，而普通人只能看看热闹。

什么是学霸？学霸的大脑里有能够快速解题的内部模型。无论是什么样的难题，他们都能看出套路，找到突破口，然后逐个解决。

所以，培养专家和学霸的实质就是打造他们大脑里解决问题的强大内部模型。

脑外科医生 X 射线般的眼睛

我是一名脑外科医生，专门研究人类的大脑。在我刚进入这个行业的时候，我的导师告诉我，对脑外科医生的培训目标就是培养一双

X射线般的眼睛。

这就是说，医生看到病人的头部的时候，大脑里马上可以一一浮现对应的解剖位置和深处的结构。比如，看到病人的额头，马上反应到：额头的额骨后面是前额叶，打开前额叶是侧脑室的额角，从额角深入，依次可以通过侧脑室的体部、房部、枕角，枕角的后面是枕叶，然后就是枕骨、后枕部的头皮。如此，一个人从额头到后脑勺，就被看穿了。

这其实就依赖脑外科医生大脑里建立的关于人脑的内部模型。

更进一步就是把自己想象成一个小人，钻进患者的大脑，站在一个特殊的解剖位置，告诉自己前面、后面、上面、下面分别是什么结构，有哪些危险，怎样才能找到肿瘤而又不至于踩到"地雷"。

只有建立了细腻、丰富的内部模型，我们才能在做手术时游刃有余，不论遇到什么突发情况，都能时刻清楚问题所在的大脑的具体位置，并知道如何处理。如此，才对得起以性命相托的患者。

人们常说，找医生，要找有经验的。只不过，并不是从业时间越长，经验就越多，而是内部模型越丰富，经验就越多。一个青年医生掌握了合适的方法，做了足够多的手术，一样可以建立起强大的内部模型。

此外，内部模型是排他的，不具有可复制性。比如，一个优秀的外科医生很可能看不懂财务报表，一个优秀的乒乓球运动员也不一定会跳街舞，因为他们没有建立起相应的内部模型。

解题的内部模型

学生解题的过程，就是用内部模型解决问题的过程。审题时，眼睛向大脑输入信息，大脑开始搜索内部模型：如果有，则直接套用内部模型提供的方法解题；如果没有，那就会抓耳挠腮，急得面红耳赤也解不出来。所以要提高学习成绩，用正确的方法建立内部模型是非常重要的。

语文

古代的一个书生，骑着驴去参加科举考试。路上诗兴大发，作了首诗。不过，对于"鸟宿池边树，僧推月下门"这句，他一会儿觉得"推"应该换成"敲"，一会儿又觉得"推"好。他犹豫不决，陷入深度思考，忘了周围的事物，不知不觉竟然撞进了京兆尹的仪仗队。京兆尹问他为什么撞进自己的仪仗队，他就说了自己在作诗的事，不知道用"推"好，还是"敲"好，想请大人帮忙选一下。这不是让长官做选择题吗？和考试有什么区别？

幸好长官是个大文豪，而且对作诗很有兴趣。长官说，用"敲"好。年轻人连连点头称是，两人从此成为朋友。

这就是"推敲"的由来。那位京兆尹便是唐宋八大家之一韩愈，而作诗的年轻人是著名诗人贾岛。

两位文人在做这道选择题的时候都在运用大脑里的语言内部模型解题，显然韩愈的内部模型更强大、更成熟。

最美的诗不仅像一幅画，更要具有多重意境。"推"是动作，只有画面感。"敲"不仅有视觉体验，还有听觉体验，能给人提供更丰富的感官信息，把静谧的夜色衬托得更空灵。此外，"推"粗鲁，"敲"文雅，更符合一个僧人的身份。

这里讨论的"语言内部模型"，就是老师们一直说要培养的"语感"。不过，"语感"这个词太模糊，不足以说明大脑内部复杂的神经网络所发生的行为。当年语文老师强制我背韩愈的文章，我并不理解，现在我明白了，老师也是在帮我打造语言内部模型。

数学

解数学题更加依赖大脑的内部模型。小学启蒙之时，老师让我们背诵乘法口诀，其实就是帮助我们建立数学计算的内部模型。三三得九，四四十六，这些口诀深入大脑建构了模型，帮助我们快速计算。如果现在我对你说"三三十八，九九六十三，七七五十六，六六三十四"，你一定会觉得很不舒服。如果我继续这样错下去，持续半小时以上，你可能会极度不适，甚至不愿意再和我讨论数学问题。为什么呢？因为这太有悖于你的大脑内部模型了。

再看下面这道题，是求阴影部分的面积。对于许多阔别学校多年的读者来说，即使不会做这道题，也不必增加心理的阴影部分面积，因为"遗忘无用的知识"是大脑为了适应复杂社会而使用的正常功能。我的许多 40 岁以上的朋友，即使学历很高，解这道题时也都感觉非常困难了。

如图，四边形 $ABCD$ 是菱形，$\angle A=60°$，$AB=2$，扇形 BEF 的半径为 2，圆心角为 60°，则图中阴影部分的面积是_____。

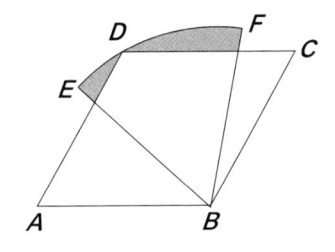

图10 求阴影部分面积题目

解法：设 BE 与 AD 相交于点 G，BF 与 CD 相交于点 H，根据菱形的性质得出△DAB 是等边三角形，进而利用全等三角形的判定得出△ABG≌△DBH，得出四边形 GBHD 的面积等于△ABD 的面积，进而用扇形 EBF 的面积减去△ABD 的面积，即可求出阴影部分的面积。

解这道题的时候，如果解题者没有建立起菱形、全等三角形、扇形的数学内部模型，定然是无法解题的，甚至连解法都看不懂。但如果解题者做过类似的题目，通过纠错建立了具体的内部模型，那解题就容易多了。

英语

请看下面这段话：

Aoccdrnig to a rscheearch at Cmabrigde Uinervtisy, it deosn't mttaer in waht oredr the ltteers in a wrod are, the olny iprmoetnt tihng is taht the frist and lsat ltteer be at the rghit pclae. The rset can be a total mses and you can sitll raed it wouthit porbelm. Tihs is bcuseae the huamn mnid deos not raed ervey lteter by istlef, but the wrod as a wlohe. Amzanig!

这段话中各个单词里字母的顺序是完全打乱的，只有首字母和尾字母是对的，但是你依然看得懂。这是因为你的大脑建立了认知这些单词的内部模型，不需要再一个字母一个字母地看了。大脑看了个大概，就能从整体上理解它们的意思。

是不是很神奇？下面请做一道选择题。

Look __ me.

A. on　　B. at　　C. in　　D. into

如果你接受过九年义务教育，有一定的英语基础，就会不假思索地选 B。为什么？

因为这样感觉顺溜。如果放其他介词，就会觉得别扭。这就是语感。为了应试，有的英语老师会像分析数学题目一样分析英语题目，这实际上和语言模型的建立规则背道而驰。

我们是怎么学习母语的？是从婴儿期开始不断听家长说话，牙牙学语时不断被纠错、改正，才逐步建立起大脑的语言模型的。学英语也应该如此。建立模型最好的方法是多听、多看、多写、多说，而不是做逻辑分析。

同时，多听、多看、多写、多说也是有方法的，一味地乱说、乱听或者不断重复，对建立内部模型毫无帮助，甚至会起到反作用。这点我们在接下来的章节会详细讨论。

内部模型的价值：大脑是怎样工作的?

你在打电话的时候，有人过来给你递一杯茶，你就接了，还说了一声"谢谢"。有人拿了个快递盒子给你，你接了。后来，有人牵了条狗交到你手里，你会接，然后继续打电话。挂断电话后，你突然意识到：怎么有个快递盒子在手上？还有条狗绳子在手里？你感叹：刚才除了打电话，到底还发生了什么？

这是大脑内存不够用了吗？

大脑有和电脑内存条一样的配置吗？大脑在思考的时候可以同时关注几个项目信息呢？

人的大脑看起来很厉害，但意识能同时处理的信息数量并不多，平均为4—9个。这是因为人脑的短时记忆容量有限，不能一次处理和储存过多的信息。

1956年，美国科学家乔治·A. 米勒发现，一个人最多可以在脑中同时处理大概7件事。2001年，密苏里大学哥伦比亚分校的尼尔森·考恩教授进行了广泛的研究。他发现，人们能够同时记住的事情的数量不是7件，而是4件。

无论是7件还是4件，大脑能同时处理的项目都是极其有限的。

如果一个人同时关注5个项目并进行思考，那就相当于他的大脑里有5个小球。想要思考更有质量，就要做到两点：第一，5个小球同时用力，指向一个思考方向。这就是我们所说的专注能力。第二，尽量让每个小球更复杂，信息含量更多。

内部模型的第一个意义在于，一个完整的内部模型可以占用一个小球，让思考更复杂、更具有创造性。

举个例子，系鞋带。如果你刚开始学习系鞋带，那么，每一个打结的动作都要占用一个小球，工作记忆几乎被塞满，整个大脑都很累，可能还系不好。但如果你已经非常熟练了，系鞋带的一套流程形成了一个行云流水般的内部模型，那么系鞋带这个动作就只占用一个小球了。所以你可以一边系鞋带，一边聊天或者做其他事。

再举个例子，开车回家。当你还不熟悉路程或者开车不熟练的时候，几个小球各自在思考怎样打方向盘，怎样刹车，等等，你的精神会高度紧张。但如果你非常熟练了，开车回家这件事在大脑中形成了一个巨大的内部模型，哪里有红绿灯，如何上高架，再从哪个出口下来，是不需要有意识地思考的，你开车一路都会感觉很轻松。

如果大脑的 5 个小球都是复杂的内部模型，同时思考同一样事物，人类的思考是不是可以越来越复杂、越来越进化？从简单到复杂，内部模型的不断排列组合造就了人类创造力的巨大源泉。

内部模型的第二个意义在于，让所有的知识都变成条件反射。

羽毛球或者乒乓球运动员打击杀球时需要思考吗？不需要，就是靠条件反射。因为经过千万次的训练，这些运动员的大脑已经打造出成熟的内部模型，当球从不同的角度飞过来时，他们的大脑会自动根据内部模型的指挥挥拍，使他们完成漂亮的扣杀。这就是人们常说的"下意识"或者"潜意识"参与。如果你问这些运动员应该怎么扣杀，有什么注意要点，他们不一定说得清楚。而且，一旦有意识地思考判断了，反而容易错失良机。

我们在做题的时候，特别是在考场上做选择题时，基本上不到一分钟就能做完一道题，眼睛扫过题干即可在 A、B、C、D 中做出选择，这就是利用内部模型解题，已经有成熟的神经网络进行条件反射了。这样我们就可以把更多的脑力资源分配到比较难的大题上。这也是为什么选择题凭着"感觉"选容易选对，如果"仔细思考，再检查一遍"，有时反而会出错。

四、怎样合理改造大脑，建立内部模型？

总结一下，"打造学习型大脑"有两个任务：第一，创建神经连接以记住知识；第二，建立大脑内部模型以应用知识。为了完成这两个任务，需要设置学习的五个步骤（详见本书第二部分）：

1. 设定目标

"目标"是激励学习者主动学习的重要抓手，每个单位时间内的深度学习都要设定阶段性的目标。有目的的练习能促进大脑主动学习，给大脑能量的精准释放指明方向。目标有大小之分，大的目标可以拆解成小的目标，分阶段实现。此外，大脑在一定条件下也可以"自动"实现目标。学习耗能巨大，可能会让你感觉很累，那么，如何才能保持动机，长期坚持下去？我将在第三章详细讨论这个问题。

2. 训练专注力

只有深度沉浸才能实现大脑能量的"透镜效应"，让记忆的效果最大化。其实专注并不难做到，是大脑的原始需求，并且有明确的物质基础。因此，专注力是"物质的"，而"精力"就成了有限的资源。第四章将详细讲解专注力的训练方法以及学习时间和学习内容的选择技巧。

3. 建模式学习

"打造学习型大脑"的最终目的是创建大脑中解决问题的内部模型。因此，以"建模"为目的的学习方法可以让人快速内化知识点，并将其接入到复杂的神经网络之中。项目式学习、提取式学习、穿插式学习都有利于创建大脑的内部模型。反思和多角度思考有利于优化内部模型。当你能够熟练使用内部模型解决问题之后，许多解题过程将不再需要有意识地参与，而只是作为一个神经网络沉入大脑深处（基底节、丘脑等）。快速答题和解决问题的理论基础就是让所有的知识变成条件反射。

4. 积极反馈

反馈是深度学习的重要环节，核心原理是找到最薄弱的神经连接，反复锤打。如果两个神经元总是受到相关联的刺激，它们的连接就会不断被加强。不仅正向的反馈（赞扬、鼓励等）可以使人充满动力，体会到学习的快乐，负向的反馈（指出错误、批评等）只要用对了技巧，也可以促进学习。

5. 高效休息

休息，特别是睡眠，也是深度学习的一部分。因为大脑只在熟睡的时候整理信息，人只有在睡觉时才有机会把知识深深刻入大脑。如果睡不好，学习的效果将大打折扣。为何现代人的睡眠质量越来越差？如何实现高质量的"学习型"睡眠？怎样的休息才是真正的休息，能让疲惫的学习者"满血复活"？本书将在第七章讨论和回答这些问题。

02

第二部分

提升学习力，
让大脑高效运转

· Chapter ·
3

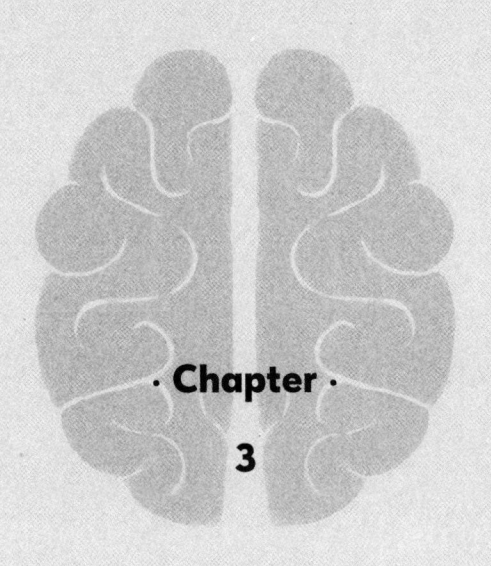

设定目标：
让孩子主动学习的脑科学秘密

一、求知欲，大脑成长的原动力

首先，我们来看两个常见现象：

• 班主任经常让我们拟定新学期或者寒暑假的目标和计划。每次提到这个的时候，好多同学都是嗤之以鼻，或者草草写了便交差。而当老师问及学生们新的一年需要达到一个怎样的状态才能取得学习上的进步时，大多数同学一脸的不知所措：不就是跟着老师每天上课、写作业吗？

• 许多老板要求自己的员工，特别是销售部门的员工，每天开晨会时排着队在办公室里或者公司门口大声喊：今年要提升多少绩效，完成多少销售任务……

如果没有仔细思考过上述现象，我们可能会简单地认为，班主任在搞形式主义、老板糊涂。可是问题是：老师们有着丰富的教学经验，没有效果的要求为什么要年复一年地坚持提？老板更加没有理由每天付费让自己的员工在大庭广众之下重复进行这种"行为艺术"——多让人尴尬呀！

就是因为看到了效果或者知道会有效果，人们才会坚持下去，并且传扬开来。学生们的计划书、老板的要求，其实都是目标。

大脑是一个目标导向的器官，拥有目标可以激活大脑，甚至能让大脑在你睡觉、休息时也自动为你工作。

接下来让我们看看目标是怎样激活大脑的，以及为什么说求知欲是大脑成长的原动力。

脑力的严重限制：带宽

我们的大脑是个多任务系统吗？一定是的。我们可以一边喝着咖啡，一边聊天；一边吃饭，一边思考工作。可是，这个多任务系统似乎常常"内存不足"。如果一次执行多个任务，往往每个都做不好。正如你一边吃东西，一边码字，注意力过度集中在工作上时，也会噎着或者把饭掉在键盘上。这就是分心的后果。

这是因为大脑虽然是多任务系统，但却是一个带宽严重不足的系统。大脑最擅长的事情就是每次只做一件事情，而这就是增强专注力能提升学习效率的底层原理。

第二章末尾提到了大脑的记忆原理。可以想象人的脑力像五个小球，如果你要取得思考上的突破，一定要把五个小球集中在一个点上。但首先你得有个点，而目标就是这个点。

正如汽车开在路上得有目的地，练习射击首先得有个靶，想让大脑高效工作，得先为其设定目标。目标可以让能量不足的大脑过滤掉无关的信息，集中火力做一件事，有效地运转。

我们的祖先从非洲丛林里走出来，一路披荆斩棘，开创文明，靠的就是一个又一个目标的实现。而大脑还为此进化出了奖赏系统——实现目标会让我们更快乐，以促使我们不断地设定新的目标，并且为之而奋斗。

脑力激活：多巴胺

大脑奖赏系统的主要组成部分是位于中脑的腹侧被盖区和伏隔核。伏隔核主要负责对生物行为进行奖赏，如果伏隔核认为这个行为很好，便会批准对这个行为的奖赏。而奖赏的实际发放则是由腹侧被盖区负责，它会分泌被称为多巴胺的一种神经递质，使人产生愉悦的情绪。这便是大脑的奖赏系统，也正是这个系统极大地影响了我们的生活甚至生命。

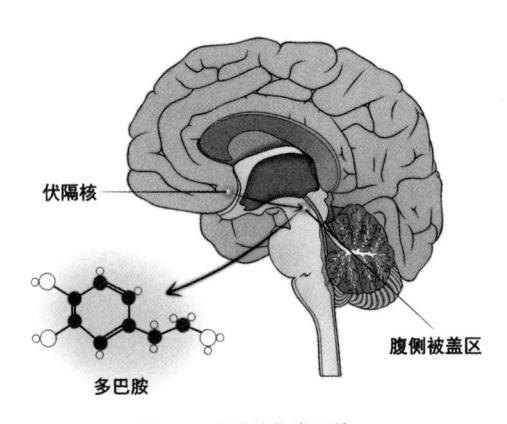

图 11　大脑的奖赏系统

为什么许多人喜欢玩游戏？因为游戏里总有清晰的目标，人们每次实现目标（打死怪物、救出公主等）后都能得到丰厚的奖励。于是大脑会分泌多巴胺，让人沉浸在胜利的喜悦中，并且愿意为了重复体验这种快乐的感觉而花上更多的时间和金钱去实现新的目标，甚至愿意接受一次次练习时的失败。

每个人都有很多事情要做，但并非每个人都有明确的目标。

几年前，许多读者经历了疫情期间的隔离。试想一下，当甲、乙两人各自在家里隔离时，如果甲没有目标，每天就是吃饭、睡觉、看电视，随便打发时间，而乙有明确的目标——趁着不上班自己可以支配时间，一个月要减重十斤，并为此制订了详细的计划，比如每天跟着健身教练跳操，制作减肥餐发朋友圈打卡，那么，隔离一段时间下来，谁会更快乐？肯定是乙，尤其是最终上秤的时候。而甲，是我们大多数人的写照。

更重要的是，当一个个小目标被实现，多巴胺不断分泌，你感到快乐的同时，自我效能感也会提升。这才是脑力被持续激活，大脑得以成长并引导我们取得成功的秘诀。

自我效能是一个脑科学术语，它指的是一种信念，即个体认为自己能够给自己的生活带来积极的转变，相信自己具备解决问题和达到目标的技术和能力。比如"我想实现财务自由"或者"我真的好想提高自己的成绩"，拥有这些目标的人一开始的动机可能非常强烈，但能否把这种强烈的动机化成持之以恒的行动，关键就在于是否具有比较高的自我效能感。如果一个人相信自己有能力达到这个目标，就会调动更多资源积极投身实践，但如果一个人对自己毫无信心，就可能三天打鱼，两天晒网，很容易就放弃了。

所以，努力一定要有目标，如果缺少目标，大脑的奖赏系统是不会启动的，那就是白白努力，最后会毫无成就感和快乐可言，对自己失去信心。

有目标，脑力才能聚焦，目标实现了，脑力才能进一步被激活。

哈佛大学展开过一项关于目标对人生影响的跟踪调查，调查对象是一群智力、学历、环境等各方面都差不多的人。调查结果发现，27% 的人没有目标，60% 的人有较模糊的目标，10% 的人有清晰的短期目标，而只有 3% 的人有清晰的长期目标。

25 年的跟踪结果显示：有长期目标那 3% 的人从来不曾更改过目标，一直朝着目标不懈努力，25 年后几乎都成了社会各界的顶尖人士。有短期目标的 10% 的人，生活在社会的中上层，他们的短期目标不断地被达成，生活品质稳步提升。目标模糊的那 60% 的人，他们能够安稳地生活与工作，但似乎都没什么特别的成就。而没有目标的 27% 的人，几乎都生活在社会的最底层，25 年来过得不如意，频繁失业，需要靠社会救济生活，并常常抱怨他人、抱怨社会。

因此，一个人一定要有明确的目标，才能在学习和生活中不断体会到成长的快乐，变得越来越自信。很多学生把完成作业和练习当作提升学科水平的必要过程，当作实现目标的一系列的步骤。对他们来说，这些任务是拉近现实和理想之间距离的必要安排。这样的心态能帮助他们更从容地安排功课，克服学业上的困难。

二、怎样让大脑自动实现目标？

许多人无法相信大脑会自动帮自己想办法，甚至在自己休闲和睡觉的时候还能自动工作。但你想一想，我们的身体器官哪个不是自动工作的？食物消化吸收，是不是自动的？肾脏产生尿液，是不是自动的？只有尿液储满了膀胱你才意识到，该尿尿了。而在此之前，你什么都不用管。

是否有可能，大脑的潜意识把办法都想好了，才告诉你的意识，这时你忽然一拍脑袋说："好棒，我想出来了。"灵感之所以突现，可能是因为你的大脑已经帮你自动工作了几个月甚至几年。

这究竟是怎么回事呢？你或许认为人生的每一个决定都是由你的自由意志做出，认为人生的每一个成绩都可以归功于你自己（自我意识系统），但其实，在我们的大脑中，还有另一个隐藏的"自己"（无意识系统）。

歌德在写《少年维特的烦恼》时，觉得灵感汨汨而出，惊呼"似乎手里的笔是自己动起来的"。莱布尼兹，这位历史上罕见的通才，既是数学家，也是哲学家，在政治、法学、诗歌等领域均有伟大的贡献，他发现自己在创作的时候，似乎冥冥之中有一个人在告诉他应该如何写作。但他不知道这个"人"是什么，既像意识，又好像不是自己的意识，就把它命名为"微觉"（petites perception）。一百多年后，一个叫弗洛伊德的医生发现：原来我们知道的"意识"只不过是大脑的冰山一角，大脑的绝大多数功能被隐藏在冰山之下。他把这命名为"潜意识"。

现代神经科学更多地把"潜意识"称作"无意识"。当你选择困难的时候，叩问自己的内心，你会觉得冥冥之中似乎有什么东西在引导你，你认为这是"神明"、"命运"或者"直觉"。而实际上，那就是无意识，是那个隐藏的你。

它植根于大脑的深处，由巨大的神经网络组成，并拥有巨大的能量。它是你的祖先经过亿万年的演化并通过生命的形式传承给你的宝贵财富。它给予你灵感，告知你哪里有危险并深刻影响你的命运——比如告诉你要报考哪一所大学、将来做什么工作。有的时候，你突然想到一个好主意，会无比自豪。但实际上，"文章本天成，妙手偶得之"，大脑深处的无意识神经网络工作了数个月甚至数年，最后将成果告知你的意识，你的意识把成果抢了过来，并骄傲地认为这是"自己"的成果。所谓的"意识"，其实只占大脑功能很少的一部分。

比如，我拿起杯子喝了一口咖啡，这个动作非常不起眼（除非我把咖啡洒在了裤子上），然而实际上，把咖啡送到口中这个过程非常不容易，人类至今还无法造出一个机器人精确地执行这个任务。我用手去碰触杯子的一刹那，杯子的空间位置、重量、温度、质地，手柄的光滑程度，大量的信息会立刻通过神经系统传入我的大脑。通过大脑的无意识系统分析判断，在一秒钟之内，我调整好了握持的力度。接下来，通过亿万个神经元的计算和调整，我平稳地把杯子送到嘴边，为了避免烫伤，我还先抿了抿。然而，我的嘴唇到底要用多少牛顿力量，我说得清楚吗？我说不清楚。应该说，这个简单的行为在大脑中引起了神经网络的雷电风暴，但我的意识却毫不知情。我只知道自己喝到了咖啡，觉得一切都是理所当然的。

大脑许多时候并不需要意识去做决定或者进行创造。自我意识并不在大脑的中央，甚至处于大脑的边缘——对于很多人来说，这一点可能难以接受。人类在历史上也曾认为自己处于宇宙的中心。一个叫布鲁诺的意大利人告诉人们地球并不是宇宙的中心，他被烧死在了罗马的鲜花广场上。然而，恰恰是因为放弃了自己是"宇宙中心"的执念，人类才接触到了一个更为广阔而辉煌的宇宙。

那么，我们要怎么和那个隐藏的自己（无意识系统）沟通，要如何唤醒他，调动他的巨大能量来为我们服务呢？

1. 明确目标，唤醒隐藏的大脑

方法其实非常简单，那就是：**明确自己的奋斗目标，并将它们反复告诉自己的大脑。**

一次或者两次告诉大脑自己的目标是没有用的，只有日复一日、年复一年明确地向大脑传达目标，最好将目标视觉化，大脑才会自动形成神经回路并传达给无意识系统。无意识系统收到清晰的目标信息后，会自动帮你规划学习和生活，并敦促你付出努力来实现目标。

1996年亚特兰大奥运会男子十项全能的冠军是运动员丹·奥布莱恩。当记者采访他有什么夺冠的秘诀时，他立刻从运动裤的口袋里拿出了一个小纸条，上面写着他的愿望。原来，他从小的梦想就是拿男子十项全能的冠军！他把愿望写在纸上，随身携带，每天温习一遍自己的人生目标并坚持了十年！在一遍又一遍的自我强调中，他不断告诉自己要全力以赴，不能有片刻的时间偏离梦想的航向，而每天不断地强化意识和思考也让他想到了许多新的训练方法和技巧。在坚持不懈的努力中，奥布莱恩终于实现了自己的梦想。这就是每天不断唤醒无意识系统的能量，它能够帮助人们更自信地克服难关,并且坚守梦想。

康熙皇帝在扳倒鳌拜夺回大权后,他认为三藩、河务、漕运是清朝面临的最大的问题,为了解决好这些,于是在宫中的庭柱之上写下了"三藩、河务、漕运"六个字,"夙夜廑念",发誓在二十年内根除这些隐患。

奥运冠军和帝王尚且如此,更何况是我们普通人?所以,梦想和目标一定是要有的。

2. 写下一页纸的愿望清单

作为一个普通人,如果你觉得自己的生活一团糟,无从下手,不知如何改变,可以试一下下面的方法。找一张纸,将你的愿望写下来,并且**确保这些愿望都是你自己真正想要实现的,而不是别人强加给你的。**

我的愿望

学习目标:

短期:_____

长期:_____

自身目标:

身体:_____

情绪:_____

精神:_____

家庭目标:

(爸爸、妈妈、亲戚等等)_____

写满这张愿望清单，并把它贴在你的书桌上，每天看一遍，睡前再对自己说一遍。

一页纸的详细愿望清单能帮助你成为那个能决定自己命运的人。你的无意识系统将帮助你并且引导你的生活向你所希望的方向前进。那么，具体要怎样书写自己的目标呢？

三、大脑的成长途径：从制定目标到实现目标

管理大师的 SMART 原则

让我们先看看以下目标有什么问题：

- 努力提升数学成绩；
- 增加英文的阅读量，提升英语语感；
- 三天内完成所有寒假作业；
- 半年背完GRE"红宝书"中的所有单词；
- 每天练习跑步。

书写目标是有技巧的，以上这些目标写得都不合格。正是因为没

有把目标定好，最终无法实现，才有这么多人厌恶定目标，逃避讨论目标。而这些，学校可能不教，很多人也不重视。

管理学大师彼得·德鲁克在《管理的实践》一书中写到的制定目标的 SMART 原则，值得各位学习者参考。SMART 是下面 5 个原则的英文单词首字母的组合：

Specific，目标需要具体而明确，不能含混不清。"努力提升数学成绩"这个目标就不够具体，更像是一句口号，不如改成"争取期末考试数学成绩超过 90 分"。

Measurable，目标要可以衡量。"增加英文的阅读量，提升英语语感"这个目标很难度量，不如改成"利用午休的时间每个月读一本英语课外读物，每天看 5 页"。这样就可以衡量了，并且可以计算你当天或者当月完成了百分之多少的目标。

Achievable，目标必须是可实现的，既不能遥不可及，也不能太容易就做到。目标需要有挑战性，但又不能难到让挑战者丧失信心，要努努力可以实现——既不在舒适区，也不在困难区，而是在介于两者之间的拉伸区。"三天内完成所有寒假作业"这种目标就是强人所难，可以改为"三周内完成寒假作业，每周完成多少，或者具体到每天完成多少"。

Relevant，目标需要和学习者的生活或者学习相关联，不能是孤立的。"半年背完 GRE '红宝书'中的所有单词"对于一个大学生不难以实现，可是，这和他的学习、生活有什么关系呢？如果没有关系，那便成了一个苦差事，很难坚持，即使背下来了也会很快忘掉。不如把背单词和英文阅读关联，和考试取得高分关联，和与国外的朋友聊天关联，这样才能坚持下去。

Time-bound，目标需要在规定时间内完成。没有规定时间的目标，不能算目标。"每天练习跑步"不如改成"每天练习 36 分钟的变速跑，快走 4 分钟、跑 2 分钟，这样循环做 6 组"。

SMART 原则既适用于短期目标的制定，也适用于长期目标的制定。

短期目标：带目的地学习

这里说的短期目标，是指每个学习时间段的具体目标，比如，在接下来的 40 分钟，应该练习钢琴或者学习英语，这时你就要给自己设定一个目标。

为什么每一次学习都要设定目标？简单地说，因为我们需要有"目的"地学习，而不是"盲目"地学习。

你是否认为，只要投入时间练习，就一定能取得进步？许多人坚信，只要一遍遍地苦练，就一定能够取得成功。如果这是事实，那么投入时间最多的学生应该是学霸。然而如前文所说，情况并非如此。就像我们大多数人都会开车，可是尽管开了十年、二十年的车，经验非常丰富，但水平无论如何都比不上赛车手（赛车手都挺年轻，拿驾照的时间可能还没我们长），似乎存在一个天花板，不能再提高了。原因何在？

我们看一个"盲目"学习的例子。

有个孩子每天打一小时乒乓球，可是球技一直没有进步，家长想找出原因。

家长："昨天又和小伙伴打了一小时，两个月了，为啥接发球都没有进步呀？"

孩子："我也不知道呀。"

家长："那昨天你发了几个球，接了几个球？我教你的动作做对了几次？打球的过程中发现了哪些接发球的问题？"

孩子："……没有算过。我俩就是打球，一局一局地打。"

这就是"盲目"地学习。这样的学习或许可以让人达到一定的水平，但绝对无法让人达到顶尖的水平，也无法让人快速进步，因为每次练习没有带着目的，也没有分析和反馈。如果真的想好好练习打乒乓球，那么在训练之前就要定下目标——今天要练习几个特定类型的发球和接球技巧。打完之后还要复盘今天练习的得失以及思考之后应该如何提升。

对于其他的学习项目也是一样的。比如学英语，好多人说看电影学英语有效果。我从小也看过不少英文电影了，但我从来没觉得它提高了我的英文水平。因为我看英文电影就是为了娱乐，而不是学习。如果真想通过看电影学英语，我想应该把字幕遮住，然后在规定时间内定下目标，一遍遍刷同样的电影片段，直到完全掌握电影主人公的对话为止。

同样地，和外国人讲英文有助于快速提高英语吗？就看你有没有带着目的去说。如果你在商场里随便找外国人聊天，我想收效会一般。而带着目的地进行练习，应该是找不同的外国人去问同一个问题，这样你才能学到不同的表达方式。并且，带着前一个人的回答经验去和后一个人对话,"现学现卖",更加有助于你的快速提升。

因此,我们每一次学习,都要带有目的。在学习前要设定好自己的短期目标,然后在规定时间内完成目标。学习完成后还要进行复盘:本次学习是否达成了目标?下次要如何改进?

在一次次达成短期目标和复盘之后,慢慢积小胜成大胜,最终达成自己的长期目标。

长期目标:通过不断拆解达成

如果说短期目标是积小胜成大胜,长期目标的实现就是靠把大胜拆解为每一天和每个单位学习时间的小胜。

长期目标听上去容易给人难以实现的感觉,比如"一年内英语六级考 580 分以上"、"两年后高考考 650 分以上"。首先,不要害怕,要尽可能地收集信息,看看达到这个目标需要做哪些努力和准备,然后把它拆成单位时间里的每一个短期目标,你会发现其实也没有那么可怕、那么难。

下面以"一年内英语六级考 580 分以上"为例,看看目标如何拆解。

第一步,收集信息。结合自身情况,分析要达成这个目标,要干哪些事。比如背单词,提升听力、阅读、写作,辅以参加补习班、做真题,等等。

第二步,制订长期计划。将一年的长期目标分解为多少短期目标,设置里程碑。例如,你可以设定季度目标,第一季度复习英语基础知识,第二季度提升听力技巧,第三季度提升阅读能力,第四季度提升写作技巧以及参加补习班冲刺。

第三步，进一步制定分解目标。为了实现每个短期目标，制订具体的行动计划，细化目标。例如，在第一个月，你可以制订的行动计划是每天花 1 小时复习词汇和基本句型，并做相关的真题。

第四步，行动当天制定具体的学习目标，比如今天的学习任务是积累词汇，那么接下来 1 个小时，需要背多少个单词以及掌握多少相关的句型、真题？学习结束后，花半小时复盘。你会发现，当长期目标拆解成每天的行动后，就不再遥不可及了，而是可以接受并实行的。

第五步，持续监测和调整。定期检查你的进展，并根据需要进行调整。例如，如果你发现阅读能力提升进展缓慢，你可以重新评估学习方法或增加阅读练习的时间。

同时，寻求支持和反馈。参加英语学习小组、找到学习伙伴或寻求英语教师的指导都可以帮助你更好地准备考试。

四、顺应大脑的规律，让孩子主动学习

制定目标只是迈向成功的第一步。许多人每年都会制定宏大的目标和详细的计划，却从来没有实施过，然后在一次次的懊悔和自责中继续堕落下去。但有些人恰恰相反，他们能严格实行计划，极度自律，

最终达成目标。这究竟是为什么？二者的区别在哪里？实现目标的秘密是什么？制定了目标后，如何让学习者主动学习，不断接近目标，而不是一直无所作为，逐渐放弃目标？

关于如何主动学习、坚持目标，我想谈五点。

第一，认可目标。 学习的目标不论长短，都需要得到学习者本人的认可，而不应是外界强加给学习者的。要让学习者认识到这是自己的事，而不是老师的事或者爸妈的事。只有大脑本身认可这个目标，脑力才能被聚焦；当目标实现时，大脑才能分泌多巴胺等快乐激素，进一步激活脑力，让人进入米哈里所讲的"心流"状态。好多家长主动帮助孩子制定目标和计划，结果孩子不仅没有完成目标，反而厌学情绪和挫败感加重了。而如果孩子自己对这个学习项目感兴趣，他就会主动定目标、写计划，每日坚持执行。因此，认可目标是达成目标的第一步。

第二，认可自己。 学习者只有认可自己，相信自己一定能达成目标，才能不断朝着实现目标的方向前进，百折不挠。这就是前文提到的自我效能感。而在这一点上，家人的鼓励特别重要。

瑞典著名的中长跑运动员贡德·哈格（Gunder Hgg）在20世纪40年代初创下了15项世界纪录，他的运动生涯倍受瞩目。年少时，贡德和他的父亲居住在瑞典北部偏僻的山区，父亲是一名伐木工人。贡德对跑步充满了热爱，但他非常犹豫：以自己的水平和天赋，是否有资格报名当地的跑步运动队？有一天，他和父亲在森林中找到了一条约1500米长的路线来测试自己。贡德沿着这条路跑步，父亲负责计时。贡德跑完全程，父亲告诉他用了4分50秒。这是相当出色的成绩。贡德倍受鼓舞，相信自己在跑步这项运动上有着光明的未来，于是他更加认真地训练，最终成为世界上最杰出的中长跑运动员之一。多年后，当贡德拿到了世界冠军后，父亲向他透露，实际上那天他用了 5 分 50 秒才跑完全程。父亲夸大了他的速度，因为他担心儿子失去对跑步的热情，而儿子正需要他的鼓励。

第三，得到外部支持。除了学习者自身的信心和认可，外部的支持也是促使学习者不断向目标迈进的动力。比如，其他人的认可或崇拜是最直接、最简单的激励方式之一。许多年幼的孩子去练习乐器或体育运动，是因为他们渴望得到父母的认可——"这孩子是个天生的艺术家"、"他的钢琴弹得非常好"、"这个孩子有可能成为杰出的篮球运动员"等等。这些赞誉能够让孩子充满斗志，持续前进。许多青少年和成年人开始学习一种乐器或参与一项体育运动，是因为他们相信这项技能会增加他们对于异性的吸引力。

除了夸奖、认可学习者以外，让学习者从心里感受到有人和他们一起努力也能给他们的成长持续提供动力。学习是个人的修行，人的大脑却是社会化的，需要社交以及与他人联结。学习是孤独的，但如果你让学习者感到不再孤独，他们将有更大的动力坚持下去。所以，父母陪伴孩子一起学习、讨论和探索问题（而不是在旁边玩手机）是对孩子极大的鼓舞。现在的许多读写训练营、早起训练营、微信朋友圈打卡学习、社团定期聚会学习都是基于这一原理。

第四，精心设置小目标奖励。每实现一个短期目标，哪怕是再小的成就，也要给自己一个小小的奖励。吃一块巧克力、看一集电视剧、出门逛一逛都可以作为奖励。当生活中的每个细节都与学习成就相关联时，大脑除了达成目标的成就感，还会有额外的收获：多巴胺、内啡肽等快乐激素将加倍分泌，进一步激活大脑。为了达成更多的小目标，收获更多的快乐，大脑将"沉迷"于学习。

第五，养成习惯。 前面四点我们所做的所有工作，都是为了这最后一点：**养成主动学习的习惯**。为什么说最强的目标实现手段是习惯，最强的自律也是习惯？因为一旦养成习惯，所有的学习行为将变成大脑的自动化处理模块，以最小耗能的方式自动执行。如果遭遇了"执行困难"，还会让大脑"很不舒服"（不习惯）。

也许你会认为，我们的大脑天生勤奋，但事实并非如此。我们的大脑天生懒惰。追求稳定和固定的节奏是大脑的本能。我们的大脑喜欢躺在舒适区，害怕面对变化，偏爱自动化处理的模块，喜欢接触熟悉的事物，总会避开全新的挑战。换句话说，即使是为了适应一个小小的变化，大脑也要鼓起很大的勇气，而且会消耗很多的能量。

这是因为在漫长的进化历史上，我们的祖先长期食物不足，供能不足，只有喜欢"偷懒"和节省能量的大脑才有机会生存繁衍下来。那么，我们要怎么利用大脑的这个缺点来实现学习目标呢？

方法就是养成习惯。习惯就是大脑的自动化处理模块，是大脑的舒适区，是大脑最钟爱的行为模式。这就是所谓的"习惯成自然"。

当你发现一个行为是好的，比如早起后晨读半小时，一定要迫使自己养成习惯。刚开始，你的大脑会非常痛苦（因为没有建立连接），可是久而久之，当大脑为这件事建立了稳定的神经连接和自动的处理模块之后，大脑就会爱上这个行为。这整个过程就像驯服一匹野马一样。

愿你不断驯服自己的大脑，逐步达成所有的目标。

讨论：有可能通过游戏来学习吗？打游戏能给我们的学习带来什么样的启示？

在打游戏时，许多人在绝大部分时间里都是一次又一次地失败和刻苦练级，只有在极少部分时间里才能享受胜利。可是为什么大家在游戏中就不怕失败，而在现实生活中稍有不顺就垂头丧气呢？

游戏之所以让人留恋，是因为：

第一，游戏有明确的目标：打死 boss、升级段位、通关等。而且每一个小关卡就是一个短期目标，所有的游戏行为都是围绕着目标进行的。

第二，所有游戏都有意让玩家随着时间的推移，不断提升自己的竞争力，这就是在不断构建玩家的自我效能感。不论是小目标还是大目标，只要达成了，主服必给奖励：或升级，或送装备，或给荣誉、积分……玩家甚至还会有许多意外的收获。所有的这一切都在不断刺激玩家大脑的奖赏系统疯狂分泌多巴胺，让人提升自信（"我一定能在游戏中称王称霸，取得好成绩"），并且快乐到无法自拔，想要进一步升级、收获更多奖励，越来越沉迷其中。

所以，各位玩家，如果我们想在现实世界中取得学习上的成功，就要平移自己在游戏中的优势，包括敢于应对挑战的决心、钻研技能的能力以及对于游戏团队的领导能力。首先，制定学习目标，利用打游戏的方法来设置不同阶段的学习任务；然后，增强自我效能感，像完成游戏任务那样认真对待每一个学习任务，规划自己想解锁的每一项成就，实现了就要给自己奖励，不断增强信心；最后，组建一支团队，包括你的老师、父母还有同学，让他们一起来帮助你，陪伴你走好打怪升级的求学之路。

祝你成功！

· Chapter ·

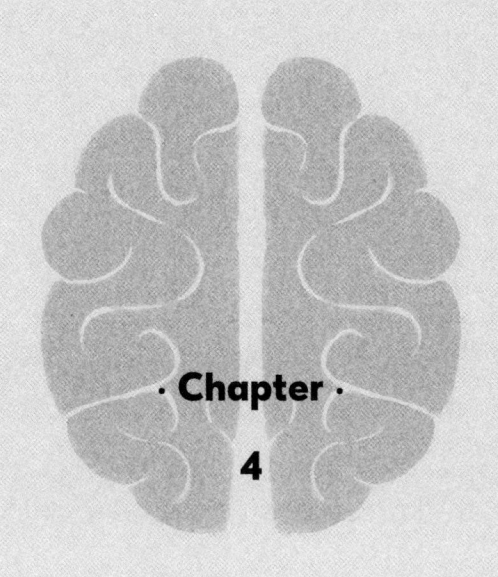

4

训练专注：
提升效率，训练大脑
跟你一起做时间管理

一、分心不是你的错

专注就是把所有光线集中到一点的凸透镜，是学习力中最具有凝聚和整合效应的因素，也是形成观察力、记忆力、想象力和创造力的基础条件。然而在现实生活中，许多人却深受"不专注"之苦，一到学习时，要么发呆，要么神游，要么干脆就睡着了，无论如何都无法保持专注，于是觉得自己不是学习这块料。的确，缺乏专注力的同学确实无法进入深度学习的状态，更别谈改造大脑了。但请不要气馁，因为专注力是正常大脑的本能，就像吃饭、喝水一样，是每个人通过科学训练都可以掌握的。你所认为的不专注，可能是正常现象，也可能是异常现象。本章所讨论的就是如何识别生活中正常的不专注以及如何通过训练消除异常的不专注。

人在每个阶段专注的能力都不同

在特定时间段内，将注意力集中到一点，是正常大脑的功能，这涉及大脑的前额叶皮质、丘脑、顶叶、杏仁核所构成的复杂神经网络。然而，在人的一生中，大脑要经历生长、发育、成熟、退化的动态过程。

专注力作为脑功能的一部分，也会随着大脑的变化而变化。许多人会抱怨自己的孩子或者自己小时候专注力不强，学习时注意力总是不集中，这其实是因为他们的大脑发育尚未成熟。随着年龄的增长和大脑机能的退化，老年人的专注力可能也会有所下降。下面列出的是人生每个阶段正常的能够集中注意力的时间。

年龄	时间
2—3 岁	5—10 分钟
4—6 岁	10—15 分钟
7—9 岁	15—20 分钟
10—12 岁	25 分钟
13—17 岁	30 分钟以上
成年人	1—2 小时，甚至更长时间

请对照上述表格观察孩子，如果尚在正常范围内，请不要苛责他们。另外请注意，13 岁以上的孩子和成年人注意力维持时间浮动的范围其实很大，而这正是专注力训练发挥作用的地方。

专注力不强的你或许暗藏潜能

如果你对照上述表格发现，自己的专注能力确实太弱，也请不要气馁。因为你很有可能暗藏天赋，可以通过科学的训练挖掘出来。哈佛医学院专注力训练专家爱德华·哈洛韦尔曾经也是一个专注力很差的儿童，英国前首相丘吉尔自己也承认，他儿时在集中注意力方面也有困难，但他们后来都突破了这一局限。

总是神游，无法长时间集中在一个想法上——这意味着你可能具有比较强的发散思维，能够同时处理多个任务或从多个角度进行思考。多维度的思考使得大脑更加灵活并具有想象力，让人能够从不同的角度来解决问题，在交叉学科和多领域的学习和创造中更具有优势。苹果公司的联合创始人乔布斯是一位天才创业家和创新者，但据报道，他在注意力方面也有困难。他经常在会议中神游，难以长时间集中注意力。然而，发散的思维让他具有了更强的创新能力，并将艺术和科技进行了深度的融合。他通过团队合作和专注于关键任务，克服了专注力上的困难，带领苹果公司取得了许多创新性的成果。

多动，无法安静下来——这意味着你身体健康、精力旺盛、充满活力，只要通过科学的训练将精力进行适当的引导，使之"定点爆发"，就可以取得不错的成果。许多运动员，比如菲尔普斯（奥运会游泳冠军）、贾斯汀·加特林（奥运会短跑冠军）、西蒙·拜尔斯（拿下七块奥运金牌的美国体操女王）都曾是多动症患者，但他们通过艰苦而科学的训练最终取得了成功。

做事丢三落四，毫无头绪——如果你仔细观察就会发现，做事丢三落四的人并不一定在每件事上都是丢三落四，他们只不过是在生活中一直想着自己关心的事以至于忽略了其他细节问题。如果要做的事情恰好是他们感兴趣的或者一直关心的，他们便会全情投入。许多科学工作者都体现出了以上特质，比如爱因斯坦就经常忘记约会、丢失物品，在思考科学问题时却会沉浸在自己的世界里。

容易被微小声音或者细节吸引而分心——每当隔壁班的同学从窗前走过，甚至只是听到一个螺丝钉掉落在地上，你都会立刻分神，失去原有的专注。这意味着你具有更强的敏感度和洞察力，可能会注意到其他人忽视的事物，并能够从中发现新的见解和机会。你有更强烈的好奇心和求知欲，对不同领域的知识和技能都感兴趣，因此会积极地去探索和学习。爱因斯坦曾说："好奇心是科学工作者产生无穷毅力和耐心的源泉。"

尽管分心可能会给学习带来一定的困难，但如果能够合理引导和培养天赋，分心的孩子在日后往往能够在某个领域中表现出色。不过，这并不意味着专注力不强的孩子能自动成才。如果缺乏刻意训练和耐心的引导，一个人有可能永远缺乏专注力，最终一事无成。即使有潜在的天赋，成功也需要努力、毅力和适当的机遇。

正因为"问题孩子"暗藏天赋，他们才会即使不被看好也能脱颖而出。当然，他们克服了专注力不强的缺点，重建了混乱的意识秩序，并将闲置的意识资源充分利用起来，最终才解锁了成功的密码，化缺点为优秀的起点。下面，让我们共同来探索专注力——将大脑能量在短时间内推向极致的秘密。

二、打开大脑专注之门的钥匙

在追求专注力的过程中，许多人屡战屡败。究其原因，一是期望过高：希望短时间内就能大幅度提升专注力；二是采用了不适合自己的训练方法；三是忽视了身体的基本需求（饮食、睡眠等）对专注力的影响。但最根本的原因是：这些学习者并没有理解专注力的神经科学本质，不断尝试，却一直在走弯路。本节将从脑科学的角度探讨大脑产生专注力的根源及影响因素，以便大家理解并实践。

专注力是稀缺的，还是人类大脑的内在需求？

在这个时间和知识都被日益碎片化的时代，许多人认为专注力对于大脑来说是非常稀缺的，我们在现实中经常为其所苦。

但其实大家误会了。大脑并不缺少专注，而且大脑非常需要专注，这是我们大脑的内置功能。因为在专注的时候，大脑能自动分泌快乐激素（内啡肽、多巴胺、5-羟色胺等）。很多人都有这样的经历：当我们全神贯注做一件事的时候，会感到幸福和快乐，会有成就感。这就是产生了"心流"。

人在什么时候最痛苦？无聊的时候。无聊的时候你一般会做什么？追剧、刷短视频、看直播。不管你看电视、看电影还是看直播，你的目的是什么？是不是都希望有一个东西能够吸引自己，能抓住你的注意力？你觉得一部电影好看，并不一定能讲出它的精彩之处，但你肯定能回想起看电影时那种被深深吸引的感觉。如果一部电影或者电视剧不好看，你必定会关掉、换台，去寻找更能吸引你注意力的内容。

所以，我们的大脑其实一直在渴望专注，不管这种专注是被动的（被别的事物吸引所产生的专注），还是主动的（主动探索事物所产生的专注）。许多孩子学习时总是无法专注，打起游戏来却能聚精会神。这说明他们的大脑非常需要全情投入时产生的愉悦感，但这属于被动专注。我们需要培养的是主动学习所产生的专注力。当孩子逐步进入专注于学习的状态之后，慢慢地，他们就会被主动专注产生的快乐吸引，从而产生打游戏般持久的学习动力。

拥抱流量？你的专注力其实很值钱

许多人认为，专注力是精神能量。"只要我持续提振自己的精神，我就可以持续保持专注"，许多学习者持有这样的观点，而这正是他们走弯路的原因之一。其实，专注力是物质能量，不是精神能量。专注力是大脑去甲肾上腺素、多巴胺和血清素等多种神经递质共同作用的结果，是由物质激素（神经递质）支撑的。然而，**只要是物质的，就会被消耗**。这也是前一天熬夜学习，第二天就无法集中精神的原因——头天晚上把神经递质都耗光了。所以，专注力是一种有限资源，我们应该珍惜，把它用在最重要的事情上，让我们的生活和生命变得更有意义。

李笑来在《财富自由之路》中表达了"注意力大于时间大于金钱"的观点，因为注意力是我们如何使用时间和金钱的关键因素。如果我们无法集中注意力，就会把时间浪费在无关紧要的事情上，无法有效地完成任务。当你的生活被不重要的事情占据时，重要的事情就会无法进入。

一个人的注意力叫"专注"，无数人的注意力汇聚起来就叫作"流量"。众所周知,在自媒体时代,流量是可以购买的。从本质上来说,社交媒体在不断抢占你珍贵的注意力资源。你的时间和专注力都逐渐变得碎片化,因为每一个平台都希望吸引你的注意力,并把它当成商品出售。因此,我们一定要有意识地管理和保护自己宝贵的专注力。

提高短期专注力

小明是一个大学生,他发现自己在学习时经常容易分心,无法聚精会神。他在写作业时经常会被手机上的社交媒体通知和消息所干扰,处理完常忘记自己原来的进度。即使手机不响,小明每隔3—5分钟也忍不住想去查看一下。这导致本来1小时就可以完成的学习任务,小明需要3—4小时才能完成。此外,他还发现自己在课堂上容易走神,老师的着装、表情变化或者提到的新奇概念都可能会让他产生大量的联想,思绪立刻飘到九霄云外。一节课45分钟,小明能听进去10分钟的内容就已经非常不容易了。

这是一个典型的短期专注力(可以保持1—3小时的专注力)缺乏的例子。该怎么破解呢?

想一想,你在什么时候最专注?很多时候,我们会发现自己在紧急关头才能真正集中注意力。比如说,百米短跑比赛即将开始,你感觉手心出汗,眼睛盯着终点线,耳朵竖起来听发令枪响。一声枪响后,你全力向前冲刺,最终胜利了,但感觉好累,几十秒的跑步仿佛是在一瞬间完成的。

斗鸡的时候，那些公鸡也是鸡毛竖起，眼睛紧盯着对手，最为专注。

为什么人或者动物在危急时刻会特别专注呢？因为此时机体会分泌大量去甲肾上腺素，它作用于大脑，让大脑时刻保持紧张、警惕，注意力高度集中，以保持战斗状态，躲避危险！

去甲肾上腺素是一种神经递质，主要由大脑的蓝斑核分泌，它可以影响几乎整个大脑的神经细胞，参与多个与注意力相关的神经通路，被称为"专注"的源动力。

如果想在短期内提高注意力，就需要想办法提高去甲肾上腺素的水平，让自己置身于"危机"之中。

首先，可以设置任务的截止时间。我们都有这样的经历——如果没有设定时限，我们就很容易变得懒散，甚至无限期地拖延，而一旦设定了截止时间，甚至定好了未能按时完成任务的惩罚，我们就会感到紧张，集中注意力，有条不紊地完成任务。就像做暑假作业时，我们总是拖拖拉拉，只有在临近开学的时候，我们才会振奋精神，甚至想在两天内完成60天的作业！

其次，可以对自己设定有损失的任务挑战。如果仅仅设置截止时间没有效果，就可以增加惩罚的权重，即如果未能完成任务，就会有更大的损失。例如，可以把自己最喜欢的东西交给亲密的同学或家长，如果任务未能完成，东西就归他们所有，只有完成了才能把东西拿回来。这样巨大的危机感会强烈刺激大脑分泌去甲肾上腺素，从而帮助我们集中注意力完成任务。

然后，休息时要彻底放松，不要让自己更紧张。你可能有过这样的经历：工作或学习累了时，想休息一下，玩起了刺激的游戏或看起了紧张的视频，结果反而更累。这是因为在休息时仍然让自己处于紧张和危机之中，会刺激机体分泌大量去甲肾上腺素，导致该类激素消耗殆尽，无法再为之后的工作和学习提供足够的能量。所以，在休息时要严格遵守"舒缓"的原则，可以闭目养神、发呆分神，听舒缓的音乐或白噪声，或者在沙滩、草地上放空自己，感受大自然的气息，这样才能真正减少去甲肾上腺素的分泌，为接下来紧张的工作和学习储备能量。

最后，饮食方面也可以调整一下。多吃一些富含苯丙氨酸的食物，比如大豆、坚果和肉类，因为苯丙氨酸是合成去甲肾上腺素必需的原料。

培养长期专注力

小明是个大学生，新学期伊始，他受到动漫的影响，对于学习日语的兴趣很大，积极地开始学习。然而，几周后，他的兴趣逐渐减退，开始感到无聊和厌倦。他不愿意再坚持学日语，而是开始寻找其他新的学习项目。

小明还对写作感兴趣，他决定写一本小说。他开始写作，但很快发现自己陷入了困境。他的注意力开始分散，经常走神或者想到其他的创作点子，写作进展缓慢。他总是无法保持专注和连贯的思维，很快就放弃了。

小明又决定学习一门乐器，他选择了吉他。起初，他充满了热情，每天都会坚持练习。然而，随着时间的推移，他发现学习吉他需要长期的耐心和坚持。他觉得太辛苦了，于是也放弃了。

这是典型的长期专注力（可以保持几个月、几年甚至更长时间的专注力）缺乏的例子。该怎么纠正呢？

了解了人类专注力的秘密后，我们能否考虑持续利用去甲肾上腺素来提高小明的长期专注力，甚至对他注射该激素，使他成为学习狂人？答案是否定的。

去甲肾上腺素只适用于短期的注意力集中，如果过度使用，则会带来负面影响。研究表明，长期处于高压状态的人，由于持续分泌去甲肾上腺素，更容易患上高血压、冠心病以及焦虑、抑郁等疾病。那么，如何保持长期的专注力呢？需要依靠大脑中的另外两种激素：多巴胺和血清素。

我们知道，多巴胺是一种让人感到快乐的神经递质，与许多上瘾行为之间也存在密切关系。科学家曾在小鼠的大脑中安装电刺激仪器，用于刺激多巴胺的分泌。只要小鼠按下按钮，大脑就会分泌多巴胺，让小鼠感到快乐。实验结果表明，所有参与实验的小鼠都不吃不喝，只会持续不断地按压按钮，直到死亡。

如果说去甲肾上腺素是在危急时刻分泌，是一种由恐惧和害怕引发的"害怕"激素，那么多巴胺则是代表奖励和欣赏的"快乐"激素。这两种激素构成了形成专注力的不同动力。

有些孩子好好学习是为了避免受到父母的责骂，这属于"去甲肾上腺素"型学习者。但如果孩子好好学习是因为成绩好可以得到老师和父母的表扬，或者是因为自己体验到了学习的乐趣，那就是"多巴胺"型学习者。大量实践证明，"多巴胺"型学习者比"去甲肾上腺素"型学习者的成绩更好、更稳定，并且更快乐。

要想长期对工作和学习保持专注，我们需要想各种办法促进多巴胺的分泌。最简单的方法是，将一个大目标细分成一个个小目标，达到每一个小目标后都给自己奖励。比如，完成一项任务后去享用火锅，或者在阅读完一章节后奖励自己一个冰激凌。此外，还可以给学习者设置一些"意想不到"的奖励，比如一个学生参加学术竞赛本来只是为了锻炼自己的能力，获得一些实践经验，然而，由于在比赛中表现出色，他获得了一个意想不到的机会（去大公司实习，出国交流，等等），这种惊喜将促使他的大脑分泌大量多巴胺，令他对学习产生浓厚的兴趣。他不知道下一个奖励什么时候会出现，但他知道，只要坚持下去，总会有惊喜在前方等待着自己。

秘密武器——血清素

大脑内还有一个秘密武器，能够同时提升短期和长期专注力，它就是血清素（也被称为 5- 羟色胺）。

首先，血清素能够带来快乐的感觉，让我们对工作或学习充满热情。血清素是多巴胺之外的另一种快乐激素，当血清素水平提高时，我们会感到愉悦，不安的情绪得到缓解。相反，血清素水平下降会导致焦虑甚至抑郁。研究表明，焦虑症和抑郁症患者的血清素水平较低，而治疗这些疾病的一些药物就是通过促进血清素的分泌或抑制血清素的吸收来发挥作用的。对于普通人来说，血清素水平下降也会导致对生活和工作失去兴趣，从而严重降低专注力。

其次，血清素有助于保持头脑清醒。多巴胺和去甲肾上腺素可以提高专注力，也会带来兴奋的感觉，然而，要想在工作和学习中保持专注，不仅需要兴奋的神经系统，还需要保持头脑清醒。血清素的另一个作用就是让我们冷静下来。血清素水平越高，我们就越清醒。

那么，如何调整血清素以提高专注力呢？患者可以通过服用药物来提高血清素水平。对于普通人来说，调整作息就可以让大脑自动分泌足够的血清素。其中的诀窍包括：

第一，养成规律的作息习惯。早起是个好习惯。当清晨的第一缕阳光照射进房间时，大脑开始分泌血清素，我们会感到心情舒畅，精力充沛。而到了晚上，阳光消失，血清素就会转化成褪黑素，帮助我们入睡。当我们第二天醒来时，随着太阳升起，褪黑素又会转化成血清素。如果长期昼夜颠倒、生活不规律，血清素和褪黑素的调节系统就会紊乱，导致人们出现注意力不集中、工作效率低下、脾气暴躁等问题。

第二，调整饮食。多食用富含色氨酸的食物有助于血清素的合成。富含色氨酸的食物包括香蕉、牛奶、小米、莲子、黄豆，此外，南瓜子仁、腐竹、豆皮、虾米、紫菜、黑芝麻等食物色氨酸的含量也很高。

三、专注力训练：短时间内将大脑能量推向极致的秘密

本节将具体阐述专注力的训练方法，为下一节读者进入深度学习的专注力实践打好基础。

戒掉电子屏幕，开启美妙人生

毫无疑问，现代社会让你分心的"罪魁祸首"就是你的亲密拍档——手机。社交媒体、电子邮件、通知短信无休止地骚扰，让你无法专心学习。所以，培养专注力的第一步就是戒掉对屏幕类产品（手机、平板电脑等）的依赖，合理地使用它们。

彼得·尚克曼是一位倍受赞誉的企业家，还是社交媒体的先驱。作为一位著名的演说家，他经常在各地奔波。有一次，他收到了一份书稿的邀约，必须在短短两周内完成整部书稿。离交稿时间越来越近，可大部分内容还没有完成，而且作为一个名人，他受到了社交媒体无休止的信息干扰。为了摒除手机信息的干扰，快速写完书稿，他做出了一个决定：购买一张商务舱机票，从纽约飞往东京，飞行时间为十几个小时。在飞机上，没有手机信号，收不到社交媒体弹出的消息，他可以专注地写作。从纽约到东京，

他已经快速地写了一半的内容。一到东京，他就简单地喝了杯咖啡，然后登上返程的飞机，继续写作。当他回到美国时，已经完成了整本书稿，而这只花了他30个小时。尽管这次"旅行"花费了4000美元，但他认为这是物有所值的。[1]

社交媒体专家为了戒掉手机，尚且花了如此大的代价，我们普通人想要达到这个目标，可能需要下更大的决心。以下是戒掉屏幕类产品的一些建议，供大家参考。

1. 把手机当工具，而不是目的

戒掉手机的第一要点在于，要向青少年灌输这样的观点："手机是我们实现目标的工具，而不是目的本身。"当人的大脑意识到手机只是工具，如同自行车、铅笔和橡皮一般，会更合理地使用手机，而非沉迷于手机。就算要刷短视频，也会带着目的去刷，比如："我要完成一篇命题作文，需要查阅相关资料，也希望从短视频中获得灵感。""我要做一个运动计划，想先从手机上看看别人的运动攻略。"一次次的目标实现必然会加深青少年对手机的印象："手机是我学习和实现目标的好伙伴！"

家长对于如何解释自己使用手机的行为，也应当注意。比如，孩子问你为什么刷手机时，如果回答"我就是玩手机"，那手机就成了目的。可以尝试这么回答："我在用手机工作。""我在用手机买菜。"如此，手机就是帮助我们工作和生活的工具。千万不要把手机当成"礼物"

---

[1] [美] 卡尔·纽波特（Cal Newport）著，宋伟译：《深度工作——如何有效使用每一点脑力》，南昌：江西人民出版社，2017。

奖励给孩子，因为这样会加深他们对于"手机是目的"的印象。

2. 改变程序，在生活细节中剔除手机

为什么戒不掉手机？因为每天早上是手机闹钟把你叫醒，你很自然地就会拿起手机关掉闹钟，然后打开各种社交媒体和软件，于是一个小时很快就过去了。如果下定决心戒掉手机，头天晚上就应该把手机放在外面，而不是带进卧室。可以买一个闹钟，让每天叫醒你的是闹钟，而不是手机。这样清晨醒来，你洗漱、上厕所、吃饭，都做完了再拿起手机，你会发现早上空出了大量的时间！

类似的生活细节还有很多，比如上厕所时刷手机、排队时刷手机、吃饭时刷手机、聊天时刷手机，甚至看电视时也刷手机。将手机在这些细节中一一剔除，慢慢就能养成不用碎片时间看手机的习惯。

3. 控制时间

创建无手机时间段： 设定一段时间，例如每天的早上或晚上，在这段时间内完全不使用手机。将手机放在远离你的地方，例如锁在抽屉里或放在另一个房间里，以免受到诱惑。

设定手机使用时间限制： 规定每天使用手机的时间。例如，先要求自己每天只使用手机 3 小时，然后逐渐减少到 1 小时或更少。这样可以帮助你逐渐降低对手机的依赖。

使用手机应用程序来监控使用时间： 有一些应用程序可以帮助你追踪和管理你的手机使用时间。例如，你可以在手机设置中的"屏幕使用时间"或类似的应用程序中设置提醒或限制。

4. 空间限制

建立无手机区域： 在特定的场所，例如餐厅、卧室或书房，禁止

使用手机，以便专注地与他人交流、休息或工作。

5. 寻找替代活动

当你想要使用手机时，尝试寻找其他能够替代的活动。例如，你可以阅读一本书、做一些运动、绘画、写作或者与朋友聊天。寻找其他娱乐方式可以帮助你转移注意力，减少对手机的渴望。

6. 设定目标和奖励机制

设定一些戒掉手机成瘾的目标，并为自己设置完成目标后的奖励。例如，如果你成功地控制了一周的手机使用时间，你可以奖励自己去看一场电影、购买一件心仪的物品或者享用一顿美食。这样的奖励机制可以提升你的动力。

7. 寻求社交支持

告诉你的家人、朋友或同学你的戒手机成瘾计划，并请求他们的理解、支持、监督和鼓励。比如，你可以与一群志同道合的朋友或同学一起创建一个戒手机成瘾小组，定期聚会，分享彼此的挑战和进展，互相鼓励。这样的小组可以提供互相监督和帮助的环境，促使大家共同戒掉手机成瘾。

不报班，在家里训练专注力

许多人对自己或者孩子的专注力分散感到非常焦虑，想要报个"专注力训练班"来解决。我认为，大脑专注力的培养不是靠一个"21天训练营"能够解决的。改善大脑功能在于一朝一夕的努力，在于日常一点一滴的积累和影响，就像把一粒专注力的种子种在土里，需要每天给它浇水、施肥，用心培养，它才能慢慢开花结果。下面介绍一些在家里训练专注力的方法。

1. 用环境的秩序感影响意识的秩序感

专注，是意识的秩序。当人不专注的时候，意识是无序的，所以会有乱七八糟的念头冒出来，却没有一个能够引发进一步的思考。此时，你会感到非常无聊，心情或许会很糟糕。然而，当你专注于一点时，意识会开始有序排列，所有的意识能量都会集中到一起，内啡肽、血清素会开始分泌，让你感到快乐并且更加全神贯注。

培养专注力就是建立意识的秩序感。 大脑容易受到周边环境的影响，因此，营造良好环境的秩序感对培养专注力至关重要。

在外界环境方面，学习者需要尽量保持学习和工作区域整洁有序，清理掉杂物和无关的物品。一个整洁的学习环境可以减少视觉上的干扰，有助于集中注意力。同时，要尽量减少外部干扰因素，例如噪声、视觉刺激和其他人的干扰。选择一个安静的地方进行工作或学习，并尽量远离可能分散注意力的电子设备。

在内部环境（心境）方面，学习者需要为自己营造一个良好的氛围。比如，可以听一些轻音乐，让自己内心保持平静，更有助于集中注意力。也可以听一些白噪声，来屏蔽其他背景噪声，让自己更专注。和志同道合的伙伴一起学习，共同努力，互相监督和支持，也可以提高专注力和学习效率。

我的一个朋友，孩子成绩很好，专注力也强。问他秘诀，他说也没有刻意培养，只是全家人都有个好习惯，就是晚饭后一家四口一起拿起书，共读一小时。虽然是各看各的，但良好的家庭氛围培养了孩子的阅读兴趣和专注力。

2. 身心合一地训练

为什么有时候我们会感到痛苦、效率低，会有乱七八糟的念头冒出来？因为我们的身体和心灵总是不在同一个频道上。学习的时候，我们想着一会儿要出去运动；跑步的时候，我们想着工作上的安排；工作的时候，我们又想着生活中的烦恼；下班在家的时候，还总担心明天的会议怎么办，会不会被老板骂。所以我们总是没法儿专心，总是三心二意、忙中出错。

那么，要怎样改变？培养身心合一的状态，让身体和心灵同频共振。跑步的时候专心跑步，学习的时候专注于学习，生活的时候就享受家庭的快乐，睡觉的时候就忘记烦恼，专注于休息。我们总觉得一心多用是好事，但其实它很低效，并带给我们不少烦恼，而且习惯了一心多用，就没法儿做到真正的专注了。实际上，一心一意才真正值得提倡。

从前，有个在山上修行的老和尚得道了。有位年轻人就去拜访他，询问得道的真谛。年轻人想知道得道前后有什么不同，就问老和尚："得道之前，您每天都干吗？"

老和尚说："砍柴、挑水、吃饭。"

"那得道后您干吗呢？"

老和尚说："砍柴、挑水、吃饭。"

"那得道前后有什么区别吗？"年轻人不解地问。

"得道前，砍柴的时候想着挑水，挑水的时候想着吃饭，吃饭的时候想着砍柴。得道后，砍柴的时候就砍柴，挑水的时候就挑水，吃饭的时候就吃饭。"

是的，工作的时候全身心投入，学习的时候忘我地探索，生活的时候沉浸于其中，感受饭菜的香甜、家人的温暖和高质量的睡眠，才是专注给我们带来的幸福的真谛。

3. 用学习目标带动专注力

许多同学之所以学习的时候会分心，是因为不知道自己接下来的学习到底要解决什么问题，有什么样的意义，所以混混沌沌，容易三心二意。学习的时候带着目标去学，才能真正激发大脑的潜力，提升专注力。同学们每次学习的时候不妨问自己三个问题：第一个，我今天要学习哪些知识？第二个，预计多久能学完？第三个，怎么判断我今天的学习效果是达标的？如果这三个问题都明确了，大脑将会自动地快速进入状态。

4. 进行阶段性的专注力训练

有位家长在班级里分享培养自家孩子专注力的方法。他说也没有特别的方法，就是每次孩子做作业的时候都让他像考试一样，必须在规定时间完成，不能打电话、玩手机、看电视。慢慢地孩子就习惯了这样的学习模式，做作业时非常专注。

这就是阶段性的专注力训练，其背后原理是大脑的可塑性。当我们专注于某个任务时，与该任务相关的神经回路会得到加强，突触连接会变得更强大。这种大脑可塑性使得我们在重复训练中变得更加熟练和高效，并习惯于专注的工作模式。同时，阶段性的专注力训练可以帮助我们调整大脑的生理节律，提高专注力。番茄闹钟学习法就是利用了这样的原理。

番茄闹钟学习法是一种时间管理技术，旨在帮助人们提高专注力和工作效率。它由弗朗西斯科·西里洛（Francesco Cirillo）在20世纪80年代创立，得名于他使用的番茄形状的厨房闹钟。

番茄闹钟学习法的基本原理是将工作时间划分为固定的时间块，每个时间块称为一个"番茄"，通常为25分钟。在每个番茄时间块内，你只能专注于一项任务，全神贯注地工作。一旦一个番茄时间块结束，你就可以短暂地休息一下，通常休息5分钟。每四个番茄时间块结束后，可以休息更长的时间，通常为15—30分钟。

使用番茄闹钟学习法的步骤如下：

设定目标： 在开始之前，明确你要完成的任务和目标。将任务分解为小的可管理的部分，确定在每个番茄时间块内要完成的任务。

设置闹钟： 将闹钟设置为25分钟，这是一个番茄时间块的长度。你可以使用手机上的番茄闹钟应用程序或其他计时工具。

专注于任务： 在番茄时间块开始之后，只专注于当前的任务，不要被其他任何事物分散注意力。尽量避免中途被干扰和打断，全身心地投入其中，直到番茄时间块结束。

放松休息： 当一个番茄时间块结束时，放松一下，休息5分钟。可以起身走一走、伸展身体或做一些放松的活动。这个短暂的休息时间有助于恢复精力，让你准备好进入下一个番茄时间块。

记录进度：在每个番茄时间块结束时，记录下你完成的任务或工作量。这可以帮助你跟踪进度，评估自己的效率。

循环重复：重复进行番茄时间块和休息，直到完成一定数量的番茄时间块（通常为四个），然后休息更长的时间，通常为 15—30 分钟。

使用番茄闹钟学习法时，你可以根据自己的需求和偏好进行调整。比如对于有些人来说，25 分钟的番茄时间块过长或过短，那就可以相应地调整一下。关键是保持一定的工作—休息循环，从而保持专注，提高效率。

5. 告诉大脑你做完了

当你事情很多的时候，第一件事情才做了一半就去做第二件，第二件刚完成一部分又停下来做第三件，这样一天下来，你会发现自己根本没法儿专注，没完成任何任务，也没有什么成就感，却感觉特别疲劳。这是因为尽管你手中停下了某件事，大脑仍然在后台思考解决这件事情的办法，相当于它仍在占用大脑内存，消耗你的大量精力。而如果你已经彻底完成这件事，那大脑就相当于自动退出了这个任务，自然不会再耗费你的精力。

所以，请不要同时做多个任务，尽量彻底完成一件事情后再开始另一件事。如果现实条件确实不允许，那就在投入下一个任务之前告诉自己的大脑，这件事情已经完成了，不要再去想它，这样你就能全身心地投入下一个任务了。

如果待办事项有很多，比如拿快递、上网课、打电话、拍视频等等，那就将它们一条条写在便利贴上。你会发现，一旦将它们写下来，就像关闭了广告弹窗一样，它们再也不会打扰你了。每完成一项任务，就把相应的便利贴扔掉。或者每次完成任务时都反复对自己的大脑说："这个任务已经完成了。"你会神奇地发现,关于这些已完成任务的信息再也不会出现在你的大脑里,影响你做其他事情了。

6. 三个专注力训练游戏

(1)"我很安静"游戏

"我很安静"游戏旨在提高个体集中注意力的能力,可以在家庭、学校或工作场所中进行。

在游戏开始后,参与者需要安静地完成自己的任务,尽量不发出声音或做出干扰他人的行为,并时刻注意其他人的行为。如果有人发出声音或做出干扰行为,其他参与者可以指出并宣布"我很安静",那个人便要退出游戏。

游戏将持续进行,直到只剩下最后一个保持安静的参与者。这个人就是游戏的胜利者。这个游戏的重点不在于胜利,而是帮助大家养成专心做事的习惯。

(2)"专注力警察"游戏

如果你的孩子在学习时容易分心,可以设置一个警察来管他。

买几个可爱的"大头贴",比如严厉的黑猫警长、狠毒的皇后等动画人物,贴在孩子的课桌上。跟孩子约定,在上课、写作业的时候,只要一看到黑猫警长,就要马上集中注意力。

这样时间一长,孩子就会形成条件反射,分心走神的情况就会慢慢减少。

(3)翻扑克牌游戏

第一步,准备一副扑克牌,家长取三个不同数字的扑克牌各两张,一共六张牌，打乱，排成两行，背面朝上放在孩子面前。

第二步，让孩子每次任意翻开两张扑克牌，如果数字一样则算配对成功，这两张牌就保持正面朝上，如果数字不一样就翻回背面，然后继续翻两张牌，直到全部配对成功。

家长可以根据孩子的能力逐步增加牌量，加大难度。

四、"改造大脑"的专注力实践

在前文中我阐述了专注力的脑科学原理和训练的方法，最终目的是改造大脑。改造大脑需要专注，如果一个学习者初始的专注能力不足，刚坚持了5分钟就开始看手机、看邮件或者神游、打瞌睡，那就无法进入真正的学习，学习效果必然大打折扣。因此，建议先进行专注力的简单测试。如果尚未达标，就要先进行专注力的基本训练，然后逐步过渡到"改造大脑"的学习之中。

你的专注力足以支撑你"改造大脑"吗？

舒尔特方格是简单的专注力测试方法：画一张有25个小方格的表格，将数字1—25打乱顺序填在表格里面。测试者要以最快的速度从

1读到25,并且边读边指出对应的数字。另一个人在一旁帮忙计时。

测试者在读到某个数字时,手一定要指到那个数字,否则就不能算对。

6	25	5	23	8
19	21	16	9	22
3	2	24	7	10
15	18	1	13	11
4	20	17	12	14

图 12　舒尔特方格

测试结果解读: 读完25个数字所用的时间越短,说明专注力水平越高。

(1) 7—12岁,能达到26秒以内为优秀,27—42秒属于中等水平,50秒以上则需要进行强化提高。

(2) 13—17岁,能达到16秒以内为优秀,17—26秒属于中等水平,36秒以上则需要进行强化提高。

(3) 18岁以上,能达到15秒以内为优秀,20—25秒属于中等水平,25秒以上则需要进行强化提高。8秒内能完成则说明专注力卓越!

航天员杨利伟经过训练，只需要 3.04 秒即可完成！

舒尔特方格既可以用于测试专注力，也可以用于训练专注力。注意，要经常换用不同的数字排列的舒尔特方格，以排除记忆所起到的干扰作用。

测试结果为中等或者优秀水平的人，即可进入"改造大脑"的学习。

加强专注力的时间选择

1. 对于时间相对固定的学生和上班族

"改造大脑"的学习需要利用可以自由支配、不受打扰的"完全属于自己"的时间，即"不是上课也不是上班时间"。

人的大脑和人的身体一样，在一天中是有其生理规律的，总有精力相对旺盛和相对衰弱的时刻。"改造大脑"的学习既然需要专注，就一定要选择大脑在一天中专注力最强之时，那就是大脑的**黄金三小时**！

大脑的黄金三小时就是你起床后的三小时，这是大脑的注意力和记忆力最强的时间。一方面，大脑经过一夜的休息，消除了疲劳，神经系统属于活跃的状态，也没有新的记忆干扰。另一方面，早上大脑苏醒后，会分泌大量的快乐激素——血清素。如果沐浴在阳光之下，血清素水平上升的速度就会更快。它能够帮助大脑集中注意力，运转速度更快。可惜许多人并没有认识到这一点，早晨醒来后要么赖在床上，要么堵在路上，白白浪费了这段宝贵的时间。

要想把握自己的一生，首先要把握自己的早晨。建议大家把一天中最重要的工作规划、阅读、思考安排在大脑的黄金三小时中。

如果"学习"的目的是记忆知识，则建议把握大脑的"黄金一小时"。

脑科学研究表明，睡眠时是大脑整理信息，将短期记忆转化成长期记忆的重要时期。我们应该善用睡前时间来进行学习和记忆，特别是睡前的一小时。它被称为大脑记忆的"黄金一小时"。

根据遗忘曲线的规律，人们在学习新知识后的 1—2 小时内会忘记近一半的内容。然而，如果我们在学习新知识后的两小时内进入睡眠，那么这些尚未遗忘的知识将直接通过大脑的海马回进入整理过程，转化为大脑的长期记忆，从而极大地提高学习效率。

需要特别注意的是，午睡也是一种睡眠状态，海马回同样会工作。因此，晚睡或午睡前的这段时间，我们一定要好好利用，不要把它们浪费在玩手机上。

如果你计划在晚上 10 点到 12 点之间上床睡觉，我建议你在 8 点到 10 点之间安排一次"改造大脑"的学习，因为这样有利于巩固睡前学习的记忆。

2. 对于时间相对自由的社会人士

这些人有相对的"忙季"和"闲季"。忙季的时候，他们确实没有办法自由支配时间。因此，我建议这些人阶段性地安排"改造大脑"的学习。

在被任命为沃顿商学院最年轻的教授之前，亚当·格兰特已经在学术界取得了显著成就。他发表了 60 多篇文章，并出版了一本畅销书。

为了更好地安排工作，亚当·格兰特以年为单位进行规划。在秋季学期，他全身心地投入教学工作，并确保学生们随时可以找到他（忙季）。而在春夏两个季节（闲季），他将全部精力投入研究、学习和写作（"改造大脑"的学习），不让自己被任何事情打扰。这样的安排使他既能充分施展自己的才华，又能保持高效的学术生产力。

加强专注力的时间控制

"改造大脑"的学习是极其消耗体力和脑力的过程，因此不能安排太长的时间，否则容易因疲劳而专注力下降。建议成年人先专注1—2小时，从短时间做起，慢慢延长。小学生的时间在35分钟左右。

另外要注意的是，"改造大脑"的学习时间长度要尽量少于完成任务的时间。比如一个学习任务估计需要50分钟完成，那"改造大脑"的学习时间就要设置在40—45分钟。这样做是为了让人有种冲刺的紧迫感，处于轻度的"危机"之中，刺激大脑分泌去甲肾上腺素，加强短期专注力，快速进入学习状态。

加强专注力的学习任务制定

要想保持专注，学习任务的选择也很关键。请尽量选择拉伸区的学习任务：既不能太容易（一直在舒适圈中打转），也不要过度困难（布置远超自己能力的学习任务容易带来没有必要的焦虑和痛苦）。

要改变"知识点学得不牢固、成绩难以提升"的情况，关键在于调整学习难度，让自己时刻处于拉伸区。这样既能保持兴趣，又能获得动力，促使大脑分泌多巴胺、血清素、内啡肽等快乐激素，保持极强的专注力。

学习专家李晓鹏曾提到类似的学习方法。他建议我们不要理会那些一眼就能看出答案或者看完根本不知道在说什么的题目，而是要多做那些大致能看出思路，但需要动脑筋的题目。这样的题目能够激发我们的兴趣和专注，让我们进步最快。

· **Chapter** ·
5

对抗遗忘：
用建模式学习提升记忆力

一、建立内部模型，让知识属于你

大脑的内部模型是大脑用于解决问题的一个个应用程序，它的本质是大脑里的千千万万个神经网络。一个大脑聪明与否，与它拥有的神经元数目并不相关，而是取决于内部模型的数量和连接网络的复杂性：内部模型越多，连接得越复杂，大脑就越聪明。成绩优异的学生脑中往往有着更为复杂的神经网络，而专家之所以成为专家，也是因为他们脑中拥有一般人没有的专业内部模型。

因此，学习知识的最终目的是建立内部模型。换句话说，怎样让知识属于你？看着答案做题，答案永远不属于你。只有建立了大脑的内部模型和复杂的神经网络，知识才属于你。

那么，建立内部模型很难吗？其实一点也不难，大脑学习知识的建模只需三个步骤：第一步，输入知识点；第二步，建立关联性；第三步，输出知识点。

许多人读了很多年的书，都在有意无意地应用着大脑的这个普遍认知规律。只不过由于缺乏科学的总结和指引，有人只做了第一步，有人走了前两步便停下了，而有人三步都走完了，大家的学习效果自然不一样。

二、手把手教你快速建立知识的大脑内部模型

第一步：输入新知识的相关信息，越详细越好

对计算机和机器人输入知识很简单，输入什么，电脑就接收什么，接收率可以说是百分之百。而对人脑输入知识，就没有那么简单了。输入一百，有的大脑只能接收五十，有的只能接收三十，甚至有的一点都接收不到。为什么会这样？

因为人脑接收到信息后并不会直接接受，而是会对信息进行理解、加工和扬弃。虽然在整个过程中会造成信息的损失，但这是人脑创造力的源泉。对于计算机来说，传输的是"精确"，而对于人脑来说，则是"模糊的精确"。

计算机的信号传输依赖的是数字电路中的电压变化，每一步都可以做到非常精确，并且过程中不会有任何损失。然而，"过分的正确"却牺牲了创新性。而人脑的信号传输依赖的是神经连接的"化学突触"，并不是点对点的电信号变化，而是通过神经递质（存在于突触小泡中）的释放，间接传递生物电信号。

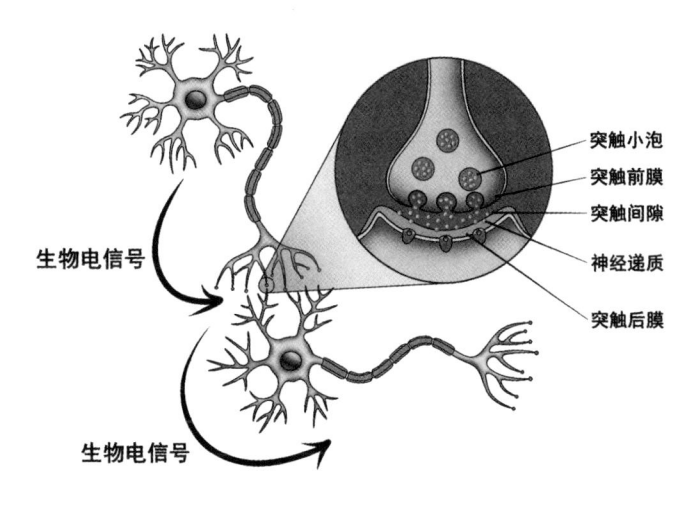

图13 化学突触

神经递质的释放许多时候并不是非常精确，可是许多学习的过程却要求特别精确地吸收知识。那么，如何才能将"模糊的精确"变成"精确"，促进大脑对新知识点的吸收呢？

让"模糊"的神经连接多传递几次，并且从不同的角度、在不同的场景下传递。 所谓"条条大路通罗马"，如果我们的最终目标——新知识点是"罗马"，那我们就要让大脑建立不同的通道抵达"罗马"——反复刺激，多角度输入，帮助大脑对新知识点进行分析和理解，促进新知识点的吸收。

1. 重视有关新知识的每一个步骤和细节

不论是解题还是学习操作，每一个步骤都暗藏秘密。如果想要大脑牢固掌握新知识，一定要重视与之相关的每一个细节。比如数理化的例题，通常都会提供详细的解题步骤。同学们一定要把解题的每一个步骤都弄明白，一个细节都不放过。哪一步不理解，都要查资料、动脑筋思考。不能囫囵吞枣，只满足于解答这一题，因为这样对新知识点的掌握是不够牢靠的，一旦考试中出现了同一题目的变体，就可能会手忙脚乱。

我记得我做医学实习生的时候，有一项学习任务是练习打单手结。用右手单手打结，可以提升手术中结扎的速度。但我一直打不好。我仔细研究了右手的每一个动作，还是掌握不了要领。后来，老师提醒我："你忘了一个细节。虽然单手打结用的是右手，但左手的固定仍然非常重要！不打结的左手才是你需要注意的。"我这才领悟到，自己忽略了一个重要细节。注意到这一点以后，我打结的速度便突飞猛进了。真是差一点都不行！

2. 在专注的前提下，多感觉通道输入

大脑理解和记忆新知识点的过程是多个脑区激活并协同工作的过程。不同的脑区是与不同的感觉功能相联系的。如果在学习的时候能够突破单通道（如视觉阅读）输入，采用视觉、听觉、嗅觉、触觉等多通道输入的方法，就能更有效地激活多个脑区共同工作。多感觉通道接收信息可以提供多个关联点，从而增加记忆的联系和联想。这就是为什么有时候一种特殊的气味或者一段熟悉的旋律能唤起你深刻的回忆。

假设你正在学习电路中电阻和电流的关系，你可以通过多种感觉通道接收信息。

视觉通道：观看物理教学视频、阅读物理教材或观察电路图和示意图。通过观察电路图中的元件,你可以建立起视觉记忆,记住电路中电阻和电流的关系。

听觉通道:听物理教师的讲解、参加班级讨论或与同学交流。通过听关于电路中电阻和电流关系的讲解和讨论,你可以建立起听觉记忆,记住相关的概念和原理。

触觉通道:通过实验室实验或模拟实验,实际操作电路中的元件,感受电流的流动和电阻的变化。通过触摸元件,你可以建立起触觉记忆,记住电阻和电流的实际变化过程。

嗅觉通道:在学习物理的过程中,你可以使用一种特定的气味,例如点燃一种具有特殊气味的蜡烛。这样当你闻到这种气味时,你与电路学习相关的记忆就会被唤起。

通过同时使用多个感觉通道接收电路中电阻和电流关系的信息,你可以在大脑中建立多个关联点,增强对电路中电阻和电流关系的理解和记忆,提高学习效果。

此外,通过与情感体验相结合,例如调动对物理实验和应用相关的好奇心和兴趣,你可以强化与电路学习相关的记忆连接。这种情感连接可以促进对于电路知识的长期存储和回忆。

3. 多场景、多状态输入

为什么会有"主场效应"?为什么许多学生平时学习很好,可一旦进考场就考不好,或者拉个肚子就考不好?因为环境变了。这个环境可以是外部环境(房间、教室、氛围等),也可以是内部环境(学习者的身体状况等)。

斯特林大学的学者在 1975 年做了一项研究:招募了 18 名潜水员,

让他们在水下 6 米深处学习 36 个单词。然后分成两组，一组在水下参加考试，一组在干燥的陆地上参加考试。

实验结果是，与在地面上接受考试的人相比，在水下接受考试的人回忆起的单词数量多出大约 30%。回到最初学习时的场景中，记忆效果的确会更好。

为什么改变了环境，连记忆都会改变了？因为大脑的记忆中枢海马回专门存有"位置细胞"，影响着人的记忆。

位置细胞最早由诺贝尔生理学或医学奖得主约翰·奥基夫（John O'Keefe）教授在 20 世纪 70 年代发现。当动物在特定环境中移动时，海马回中的某些神经元会被激活，并对特定的位置产生响应。这些神经元被称为位置细胞。发现位置细胞对理解大脑的记忆和空间机制有着重要的意义。

如果学习者在平时读书的教室里考试，大脑的位置细胞及其相关的细胞就可能被激活，起到助攻作用。然而，离开了这间教室，位置细胞就无法被激活了，缺乏助攻，成绩就会受到影响。

那么，怎么回避环境对大脑记忆的影响，确保无论在哪里考试都能正常发挥呢？

在对于球类运动的"主场效应"研究中，科学家发现，对于新手来说，主场效应更加明显，但对于那些有经验的老运动员来说，主场效应并不明显。这是为什么？

因为老运动员不仅经常在主场踢球训练，还经常在客场比赛和训练。他们的大脑已经适应了多场景的变化。

所以，规避"主场效应"的秘诀在于：增加学习同一知识点的不同场景，让大脑适应环境的转换。人们常说："学习好的同学，无论在哪儿都能好好学习。"其实这句话应该反过来说。正是因为他们在哪儿都能学习，大脑适应了多场景的变换，对于位置细胞进行了"脱敏疗法"，所以才无论在哪里都能考好。

学习者可以通过改变房间布置、交换教室的座位，或者到图书馆、自习室等不同的场景下进行学习，建立不受环境影响的大脑内部模型，来保证考试的成功。

同时也要考虑到内部环境对考试的影响。建议学习者在轻度不适的情况下，以不影响健康为前提，适当接触一下学习材料，从而规避身体状态对记忆的影响。

第二步：建立与知识点的关联，越多越好

新的知识输入大脑后，并不是马上刻入大脑皮质，形成考试可用的长期记忆，而是存储在大脑的记忆中枢海马回中，等待"记忆判官"海马回的判决——"去"（从大脑中删去）或"留"（刻入大脑皮质）。

匈牙利神经学家捷尔吉·布扎基（Gyorgy Buzsaki）曾在《大脑的节奏》（*Rhythms of the Brain*）中这样写道："如果把新皮质想象成一座巨大的图书馆，那么海马回就是图书管理员。海马回的任务是筛选有用的信息，将其储存为长期记忆。"

可是，海马回通过什么标准来判断"新知识点"是否有用呢？

只有一个判断标准：这条信息越有利于主人的生存，就越有用，越应该被记住。所以"吃哪种有毒的蘑菇会死"比"唐朝一共有多少

位皇帝"更容易记住,"地震时应该怎样逃跑"比"微积分公式"更容易记住。

进一步提问:海马回如何判断"新知识点"是否有利于主人的生存呢?

答案是:通过"新知识点"与大脑主人的关联来判断!**关联越多,与主人的生活、学习、工作联系越紧密,就越有利于主人的生存。**

因此,我们在学习新知识的时候一定要注意建立关联性,向海马回证明这个知识是可用的、有价值的,促使其把它记住。具体可从以下三方面下功夫。

1. 与生存相关联

这是海马回的第一判断标准:如果该知识与生存直接相关,就必然会被快速建模并刻入大脑皮质。

经历创伤性事件(野外灾难、袭击等)后,我们的大脑会将这些记忆变得非常鲜明而深刻。这是因为创伤性事件对我们的生存构成了重大威胁,大脑会将这些记忆视为重要的生存信息,并将其存储在相关区域中。这种记忆的强化有助于我们在未来遇到类似的威胁时更好地应对。

当我们阅读一个引人入胜的故事时,往往更容易记住其中与生存相关的情节。例如,故事的主人公面临的生存挑战、克服困难的方式等,这些与生存相关的元素会引起我们的情感共鸣,加深我们的记忆。

2. 与兴趣相关联

其实,学习中与真正的生存相关联的知识并不多。不过,我们可以通过间接的方法向海马回证明知识的生存相关性。俗话说,"兴趣是最好的老师"。当你发自内心地喜欢学习的内容时，海马回会判定这些内容有利于生存，快速地把它们刻入大脑皮质。

因此，你可以选择感兴趣的内容学习，或者主动创造学习兴趣。试试这么做：

赋予意义。 把原来不感兴趣的内容赋予你感兴趣的意义。比如，你对学习英语实在提不起兴趣，但是你对留学感兴趣，或者你的好朋友喜欢说英语，那就把两者联系在一起。设立一个远大的目标，把学好英语变成实现目标的一部分。

创造奖励。 为完成不感兴趣的内容制造大脑喜欢的奖励。比如，完成某个学习任务以后，奖励自己做一件喜欢做的事情（打手游、打球、看电视、吃鸡腿等等）。当你把喜欢做的事情和学习任务联系在一起之后，兴趣就来了，海马回也将被激活。

3. 与已有知识相关联

这是建立知识体系的重要步骤。知其然，还要知其所以然。孤立的知识就像一粒粒沙，东一粒、西一粒地散落着，只有关联起来才能将其聚沙成塔，形成稳固的知识晶体，使得新知识更好地被纳入大脑的记忆版图。要在脑中建立抓手，帮助我们回顾新知。而这个建立抓手的过程，就是对新知识进行编码和加工的过程。

美国著名脑科学家约翰·梅迪纳曾以他小时候经常光顾的一家鞋店为例，对此进行了解释。这家鞋店的门上配了三个把手：一个比较高，靠近门的顶部；一个比较低，靠近门的底部；第三个则不高不低，在门的中间。店主设计三个把手的原因很简单：希望不管是高个子还是矮个子、小朋友还是年长者、力气大的还是力气小的顾客，都可以轻松推开自己的店门，成为自己的顾客。如果说我们的大脑的记忆也有一扇门，那么对新知识进行编码，建立与以往知识的多种联系，就等于在这扇门上安装许多方便人进入的把手。

要经常对自己说这句话："这个道理还能用在什么地方呢？这个解法在其他题目中适用吗？"但凡收获了一个感悟、了解了一个观点，或是学到了一个新知识，只要触动了自己，就要努力将其与现有知识相关联，使之发挥最大效用。

第三步：应用新知识的内部模型，越早越好

建立内部模型的目的并不仅仅是记住知识，更是应用知识。需要特别说明的是，**应用模型并不是在建立模型之后，而应在学习知识的初始阶段**。如果一开始以"用"的方式去学习新知，等于向大脑证明了知识的价值，肯定有利于模型的快速建立和调取。

1. 检索式（提取式）学习

检索指的是在大脑的知识点中找线索。检索式学习法，就是通过各种方式主动地从记忆中提取所学过的知识，并用它们来解决问题或完成任务。比如，课后做练习题、自我测试、复述、教别人等。

有人在做英语的阅读理解题时，并不是先看文章，而是先看文章后面的题目。看过题目后再看文章，会特别注意文中的重要逻辑线索，从而能够快速解题。这是检索式学习的一种体现。

在辅导孩子背诵《赠汪伦》时，也可以进行检索式背诵。

李白乘什么将欲行？

忽闻岸上怎么了？

桃花潭水有多深？

不及谁送我情？

下一步，增加难度：

李白乘舟将欲行，下一句是什么？

不及汪伦送我情，上一句是什么？

逐步增加难度，直至完成背诵。

看一遍书之后，合上书，复述一下书的具体内容或者画出思维导图。在做这些事的时候，大脑中的提取和检索就开始了。你一定会发现自己的知识盲点，这时候再回看书中的内容，就可以查漏补缺，你脑中的内部模型将不断完善。

检索式学习有利于建立知识的检索线路，方便日后提取。

许多时候，我们自以为"忘了"某件事，并不是真的忘记了，而是它们藏在"记忆的仓库"里提取不出来。就像我们经常找不到某些东西，并不是东西真的丢掉了，而是我们没有线索，暂时找不到它们，也许哪天我们不需要使用它们的时候，它们却自己出现了！

如果你在开始学习知识的时候就不断地提取它们，大脑就会自动建立"方便提取"的神经连接，这样一定有利于知识的记忆和日后的回忆。

英国伦敦一所学校的英语老师巴拉德曾做过一个实验：让自己班里的学生背诵一首诗，五分钟后马上默写。结果，大家的成绩惨不忍睹。巴拉德没有要求学生课后背诵，大家以为这项任务过去了。两天后，他突然要求学生再次默写那首诗。学生们没有做任何复习，按理说这次测试的成绩会更差，但恰恰相反，他们的成绩提高了10%。听上去很不可思议吧？怎么解释这个现象呢？

美国加州大学洛杉矶分校的比约克教授夫妇提出记忆失用理论，解释了巴拉德实验背后的原理。他们认为，记忆的储存强度不会随着时间的推移而减弱，一旦我们记住了某件事情，它就会永远存储在我们的大脑中。但记忆的提取强度会随着时间的延长而减弱，所以许久不用的知识我们会"忘记"。然而，提取强度可以越用越高，每提取一次记忆，提取强度都会增加。

曾有神经科学实验让大学生学习与各门科学相关的介绍性文章，然后安排他们在首次阅读这些资料之后立即进行回忆测验，或者重新学习这些资料。两天后，立即接受回忆测验的学生记住的内容要多于那些只是重新学习的学生（68%对54%），而且这种差距在一周之后依然存在（56%对42%）。还有一项实验发现，一周之后，只学习但不测验的学生忘掉了最开始记住内容的52%，而重复测验的学生只忘掉了10%。

从这个角度讲，测试本身就是学习的一部分，而不只是为了检查学习成果。考试和做题也许是最好的复习。

2. 项目式学习

成年人的学习大都是在做项目中进行的。因为项目中要用到知识了，成年人才"被迫"去学，结果反而比在学校时的学习效率更高，记得更深刻。这是因为项目中的学习可以将知识进行应用，提供了更加具体和有意义的学习体验，并一开始就向大脑证明了知识的可用性和可操作性。这样建立起大脑内部模型来，自然事半功倍。

2015年，马斯克到清华大学访问，清华大学物理学教授朱邦芬问马斯克对于减少中国高中物理课程的看法。马斯克认为多开物理课没问题，问题在于教学方式。他指出，目前的教学方法往往只是让学生记住公式，他们缺乏对公式背后基本含义的理解，也无法将公式与现实世界的奇妙现象联系起来。马斯克认为，学习物理最重要的是实践，比如要通过拆解和组装零部件来了解内燃机的工作原理，促使学生主动去查资料，学习物理知识，并在实践中将知识具象化。这是最简单而直接的方式。

内部模型的主要作用就是"应用"，也就是解决问题。**如果一开始学习就是奔着解决问题去的，那么在学习的最初，大脑就会开始建立解决问题的神经网络。**目前的学生教育中，特别强调项目式学习，就是希望学生们在做项目的过程中主动发现问题并寻找答案，加深对学科知识的理解并提升能力。

实践可以给抽象的科学公式赋予生命，将知识拟人化，让公式活起来。公式和方程本来就是对现实生活的抽象总结，而我们在实践中重新赋予其血肉，可以让学生们领略整个科学探索的过程。

对于社会科学来说，更是如此。"世事洞明皆学问，人情练达即文章。"良好的悟性来自磨炼：如果你之前就在某些方面经验比较丰富，很多理论知识就会一点就透。倘若缺乏一些相关经验，就算你能把理论倒背如流，应用起来还是会难以得心应手。

"知"与"悟"不同，"知"不易，"悟"更难，很多人往往把"知"当成"悟"。小和尚念经有口无心，离真正的掌握还有很遥远的距离，在这个阶段即使学得再多，也只是个知道主义者。比如七八岁的小孩可以将《三字经》和《弟子规》倒背如流，甚至还能说出其中隐藏的典故和伦常，但是并不能因此认为他们已经掌握了这两部作品的精髓。只有在成长过程中真正经历了很多，对人性和世道人情有了一个比较全面、系统和深入的认识，才能领悟其中深意。

实践出真知，就是指要在项目中学习。

3. 穿插式学习

练习打乒乓球，你会选择什么样的训练方法？练习接球，就会先练 100 个正手上旋球，再练 100 个反手上旋球？把一个小动作练得滚瓜烂熟，再训练下一个动作？这是我们每个人都能想到的固定训练法。但如果是穿插式训练法，就不会采用那种每个动作练习 100 次的做法，而是会把多个动作混合在一起，可能上一个球你接的是反手上旋球，下一个就变成了正手下旋球，各种接球动作会随机出现。

为什么要这样做？请看下面这个神经科学实验。

> 实验把受试者分为三组，第一组是固定练习，每次反复练习一个动作；第二组是顺序练习，按照固定的顺序循环练习不同的动作；第三组是随机练习，唯一的要求是不能连续出现两次相同的动作。
>
> 在训练阶段，第一组是进步最快、成绩最好的。但最后上场

比赛时，却是第三组成绩最好。

实验人员分析后得出结论：训练的目的应该是把技巧搬到赛场上，过去人们却一直认为，训练方式更直接、更专精、更频繁或者更有效地改进有助于人们尽快掌握技巧。这与真实赛场的环境是相悖的。而第三组这种穿插训练的方法，虽然进步缓慢，和重复单一训练的效果没法儿比，但在这个过程中，大脑因为随时要准备面对各种意想不到的情况，反而培养了整体的灵活应变能力。[1]

我们可以将每一种乒乓球接发球的小动作都视作一个小小的内部模型。如果应用常规的固定训练法，这些小模型可能会混搭在一起，在大脑中组成一个大模型。到实际比赛的时候，大模型还需要拆解开，就造成了"会是会，但不熟"，无法灵活应用的局面。而穿插式训练的底层原理，是在大脑里建立许多可以灵活运用的接发球小内部模型。

有一次我去理发店洗头发，由于左侧耳朵后面长了一颗青春痘，我特意向洗发的小哥交代，洗头发时请不要洗我青春痘的位置。洗发小哥答应了。可是洗着洗着，小哥不自觉地洗了我左侧耳后位置，好痛啊！小哥非常不好意思地向我道歉："对不起，我习惯了，没有注意。"

我想，许多人都碰到过类似的事。

如何科学地解释这种习惯？这是因为洗头发的所有小动作已经在小哥的大脑里组合成了一整个大模型。这个大的内部模型反复地应用，让小哥给人洗头时一气呵成，非常熟练。然而，我的要求是删去其中

---

[1] [美] 彼得·C. 布朗（Peter C. Brown）、亨利·L. 罗迪格三世（Henry L. Roediger III）、马克·A. 麦克丹尼尔（Mark A. McDaniel）著，邓峰译：《认知天性——让学习轻而易举的心理学规律》，北京：中信出版社，2018。

一个动作，等于打破了原先的大模型。对小哥的大脑来说，拆开模型需要极度专注，刻意为之。

所以，建立灵活小模型对于经常会出现随机情况的事情来说非常重要，能大大提高你灵活应变的能力，让你在面对未知风险时更游刃有余。

对数学、物理、美术等学科所做的不同实验，都得出了同样的结论：穿插式练习是更高效的训练方法。学习者在设计自己的穿插式学习方案时，最好把新学的知识或技能与过去学过一段时间却没再复习过的内容混在一起，交错学习。

三、别忘记巩固你的内部模型

内部模型建立后，就一劳永逸了吗？不不不，神经连接会建立也会"解绑"，神经网络会形成也会"溃散"。大脑始终奉行"用进废退"的原则，珍惜脑力资源，经常用不上的模型就会删去。所以，要防止遗忘，想让内部模型随时上手解决问题，就要想办法不断巩固它。

重复、重复、重复，燃烧吧，海马回！

前面提到过海马回判定是否将信息载入记忆的唯一标准：是否有

利于生存。在信息不断冲击的情况下,海马回会认为该内部模型与主人的生存密切相关,将其作为长期记忆存储起来并随时调取、应用。所以,记忆的秘诀归根结底就是重复。

重复,也就是通常说的复习,是有技巧的,要注意两个关键词。

1. 复习时间

根据德国心理学家艾宾浩斯的遗忘曲线研究,遗忘在学习之后立即开始,而且遗忘的进程并不是均匀的。最初的遗忘速度很快,随后会逐渐放缓。通过观察曲线你会发现,如不抓紧复习,学得的知识在一天后就只剩下 33.7% 了。

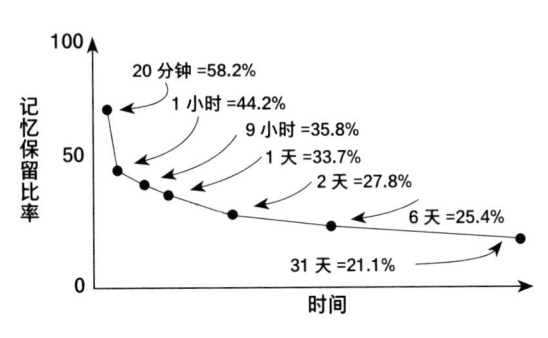

图 14 艾宾浩斯的遗忘曲线

2. 复习内容

每次复习的内容要基本一致,不能相差太多,否则海马回会将其判定为新的信息,重新进行筛选。需要说明的是,学习新知识和复习之间并不冲突,可以同时进行。在你一天的学习计划中,既要有复习的内容,又要有新知识的学习。

间隔学习有助于边学边巩固

小时候，我家旁边经常搞基建。我喜欢看师傅砌墙，眼看着师傅一个砖头一个砖头地垒加，墙从平地起，眼看着高度到达我的膝盖，然后升到我的腰间。突然，师傅不干了。为何停工了？这不还早吗？距离晚上还有很长时间。师傅说，不能再垒高了，要让它们先凝固好再继续，否则墙会塌的。

对于大脑来说，知识的学习也是一样的。要让记忆巩固后再循序渐进，一股脑儿地疯狂学，只会引起"消化不良"，知识体系难以建立。

早在 1885 年，德国心理学家艾宾浩斯开展系列记忆实验后就发现，背诵一串无意义的音节，如果连续重复学习，则需要 68 次才能记住；而如果把它们分散在三天内学习，则只需要 38 次重复记忆就能达到同样的学习效果。后续研究也支持了间隔学习在长期记忆中的优势：间隔学习的记忆效果比集中学习的成效高了约 67%。特别是对于有意义的、深度加工的材料，间隔学习的效果更好。可见，虽然短期集中学习的效果立竿见影，但有间隔的分散练习更有助于持久的记忆。

2022 年，一项新的神经科学研究发现，新技能的提高更多发生在学习的间隔休息期，而非练习期，且间隔休息带来的记忆巩固效果是夜间睡眠带来的记忆巩固效果的 4 倍。该研究发现，在间隔休息期中，人脑并没有休息，而是以 20 倍速重复了约 25 次学习过程中的脑电活动。休息期大脑"重播"的次数越多，学习者后续的表现越好。[1]

---

[1] 李媛媛、卢静、王延培：《分散学习更有效》，摘自《人民政协报》，2022 年 2 月 9 日，第 11 版。

可见，间隔学习使得大脑可以在休息期频繁地进行神经重放，整合和优化了所学的知识技能。**此外，间隔学习还能有效抵御睡眠不足引起的记忆衰退。**

有科学家将学生分成两组，睡眠不足组（睡眠 5 小时）与睡眠充足组（睡眠 9 小时）。每组学生又分成两个亚组（突击学习组与间隔学习组）。结果发现，无论是睡眠不足组还是睡眠充足组，间隔学习组都比突击学习组的效果要好。更重要的是，即便是不足 5 小时的睡眠时间 + 间隔学习的方法组合，其记忆的效果也要好于 9 小时充足睡眠 + 突击学习的方法组合。而睡眠不足 + 突击学习，也就是临时抱佛脚通宵学习的方法，效果是最差的。[1]

这就提醒各位家长和老师，非常有必要采用间隔学习的方法来维持孩子们的学习效果。

四、建立内部模型的另外一些注意要点

1. 用心和专注

跟别人第一次见面的时候，你就可以建立关于对方的内部模型。

---
[1] 杨滢著：《让孩子受益一生的大脑开发课》，海口：海南出版社，2021。

可是，见到每个人都可以建立模型吗？你每天乘地铁会遇见很多人，大家都是匆匆而过，等到下次见面，你还能记得他们吗？记不得了。因为你没有留心。只有特别注意到某人，才会有特别的记忆。

妈妈一般不会认错自己的孩子。这不仅是因为每天接触强化了记忆，更重要的是因为妈妈对孩子最用心，孩子一点点的变化妈妈都可以察觉到。妈妈的大脑里建立起了关于孩子的细腻丰富的内部模型。所以，地震的时候，曾有孩子被压在废墟下哭，妈妈能第一时间听到自己孩子的声音，而其他搜救人员甚至高科技设备还没检测到。这就是人脑强大的力量。

在记忆其他事情的时候也是一样，最好是深度沉浸，把大脑的力量集中于一个点，这样神经网络才最活跃，神经连接的组合也最强。如此反复训练，效果肯定好。

2. 多角度思考

内部模型属于神经网络，由数以亿计的神经连接构成。一个知识点或者一个技能可能是由数个神经连接构成的。要让它融入到整个网络之中，就一定要让这个神经连接与其他神经连接发生关联。关联越多，融入整合到整个网络中的机会就越多，记得就越牢固。

注意，单个神经连接即使形成，也不能够解决问题。只有当神经连接汇入到大脑的巨大神经网络之中，与许多其他的神经连接发生联系，才能形成解决问题的方案。这就是所谓的"举一反三"。

在学习的时候，只有多角度思考问题，才能将学习的元素和其他元素发生关联，汇入到大脑的神经网络，融入到学习者的知识体系之中。思考的过程就像盲人摸象的过程，应该努力从多层次、多角度去看待问题，最后把它们组合成一只真正的大象。

比如，在学习历史时，可以从政治、经济、社会和文化等角度进行思考。比如分析历史事件的政治动机和影响，分析经济因素对历史发展的影响，分析历史事件对社会和文化的影响，等等。这样就可以获得更全面的历史理解。

3. 不断纠错和反馈

你第一次见到小黄医生后，会建立起小黄医生的内部模型，但这个模型是比较模糊的。下次见到一个戴眼镜、大鼻子的男性医生，你有可能会认错。但如果我告诉你，小黄医生的左边耳朵上有个小耳朵，左侧食指上有个胎记，你就会恍然大悟。这些细节不断补充进入内部模型，可以使其不断完善。

所以说，纠错和反馈是完善模型的绝佳方法。在下一章中，我将详细讨论这一点。

Chapter 6

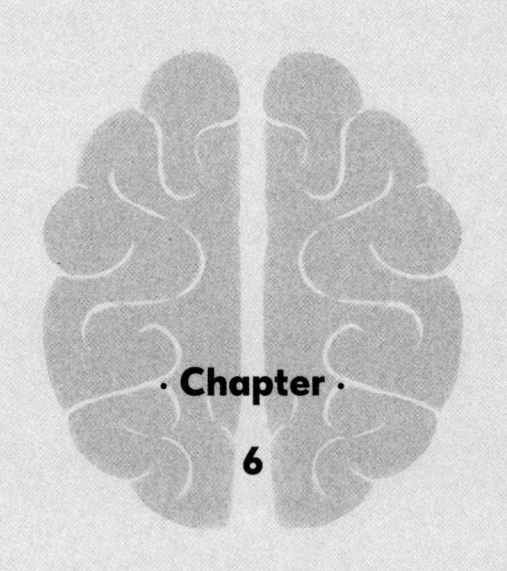

积极反馈:
让错误成为学习的一部分

一、反馈是大脑学习进化的机制

前些年脱口秀火爆的时候,我注意到了一种特殊的表演形式——开放麦。原本以为开放麦是脱口秀线下盈利的一种方式,后来发现开放麦好多是免费的,或者只是象征性地收取 15 块钱。那开放麦为什么要存在呢?脱口秀演员告诉我:"开放麦是我们练习和打磨段子最好的机会。"我一直无法理解。因为以前我们练习公众演讲,自己躲起来背稿子就好,所以不明白他们为何要在这么多人面前练习。直到我看了一场开放麦才发现,打磨段子确实需要在观众面前。因为这样脱口秀演员可以即时观察观众的反应:包袱到底响没响?梗到底爆不爆?这就涉及学习进化最重要的机制——反馈。

我在前文中反复提过,大脑通过内部模型预测世界和改造世界。反馈的作用是找到内部模型与现实世界的差距,这样大脑才能不断地修正自己的内部模型,使其更完善。对于大脑来说,学习进化的一般过程就是学习——实践——反馈——成长——学习,是个完美的闭环。

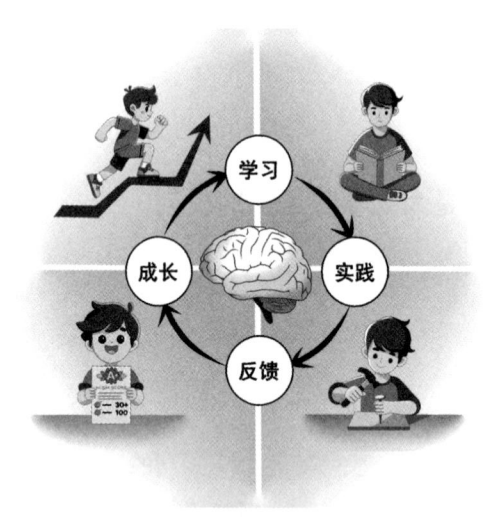

图 15　学习反馈回路

反馈是这个世界的进化机制，有反馈，并且形成回路，就可能使得任何系统开始进化。无论是机械、软件，还是人脑，都是如此。反之，如果缺乏反馈，学习者就会找不到方向感和成就感。

许多学生特别努力，每天从早学到晚，学 6 天休 1 天，如此付出，收获的却是无力和疲惫。有一位读者曾对我说，为了提升自己，她不停地学习写作、瑜伽、英语口语、肚皮舞、茶道、绘画等各种技能，但始终不快乐，内心始终得不到满足，感受不到自我价值。

这是为什么？到底哪个环节出了问题？很有可能是反馈不够。没有得到鼓励，没有得到肯定，没有找到弱点，没有及时输出……

学习的时候，如果大脑得不到与反馈有关的刺激，就会默认没有必要对已经学过的信息做出反应。反过来说，如果外界的反馈被吸收并做出反应，学习者的大脑就会不断地被重构。因此，反馈和输入到大脑的信息一样重要，因为它是整个学习循环中必不可少的一步。它可以帮助大脑决定哪些神经元需要被激活，哪些不需要被激活，并对输入的信息进行调整和纠正。此外，大脑会不断尝试新的连接方式，直到效率最大化。

在《刻意练习》一书中，安德斯·艾利克森和罗伯特·普尔举例说明了反馈对医生培训的影响。

> 美国的放射科医生通过X光照片来判断分析乳腺癌病患，但随着从业时间变长，他们的判断能力并没有明显进步，有时还会有退步。什么原因呢？
>
> 原来，放射科医生大约要看1000张X光照片才可能发现4—8个癌症特征，获得有效反馈的次数很少。
>
> 这个时候要如何提升医生的判断能力呢？解决方案是强化决策和结果之间的反馈，然后找差距，刻意训练。把过去多年来进行X光照片诊断的病人案例收集起来，再把这些病人后来实际的档案找到，将其中有价值的案例，比如那些有特殊反馈效果的病例照片汇总起来。当初放射科医生看照片没有发现问题，可后来病人发病了，又或者刚开始医生判断有癌变，可实际是误诊。
>
> 这些经过汇总的有价值的案例，就成为训练医生的良好素材。医生可以通过再次诊断这些结果可验证的X照片，来研究自己的诊断为什么有问题，如何改进。这样，放射科医生就把过去一年才可能有一次有效反馈的训练变成了每天都可以有几十次有效反馈的训练。

此后，放射科医生的诊断正确率有了大幅的提高。

很多人觉得外科医生的手术训练都是在尸体解剖上进行的，其实不然。还有一种训练方式：看手术录像进行训练。

我对学生进行训练时，一般会给学生放一段手术视频，在手术操作的关键点我会暂停一下，问学生下一步该怎么做。学生一般会在思考后回答。然后我继续放录像，让学生看到自己的处理思路和老师的有什么不同，思考该如何改进。学生在不断看录像和反馈的过程中获得提升。许多学生都觉得这种训练方法让自己身临其境，可以迅速拓宽手术思路，提高操作水平。这是脑外科医生常规的学习手术的方法之一。

《认知升级》的作者刘传在他的童年时期从零开始学电子琴，只用了两年的时间就考过了十级，而同龄人通常需要4—5年才能取得这样的成绩。

更令人惊奇的是，在从0到60分的阶段，他完全没有学习任何乐理知识，他的老师也从来没有教他理论。那么，他的老师是如何教他的呢？

老师首先示范左手的演奏，接着示范右手的演奏，然后再将两只手合起来演奏一遍，让他大致了解这首曲子的情况。接下来的一周他都要努力练习，周末老师会进行验收：如果没有通过，就继续练习；如果通过了，就开始学下一首曲子。如此循环了两年，最终他能够演奏出十级的曲子。

刘传至今对他的音乐启蒙老师心怀感激。尽管他不了解乐理，但这并不妨碍他流畅地演奏，并因此获得听众的赞美。这种反馈就像海浪一样不断地推动他，让他一直沉浸在弹琴的乐趣中。

反馈提升大脑学习力的底层原理就是寻找自己知识链条上的漏洞，找到神经连接中最薄弱的环节反复捶打（练习），使得整个链条变得牢固。

澳大利亚墨尔本大学的约翰·哈蒂研究团队使用效应量来评估不同因素对学习的重要性，发现在众多对学习有影响的因素中，反馈是影响学生学业非常有力的因素，平均效应量高达 0.79（0.4 为判断有效的基准线）。[1]

所以说，反馈是大脑学习进化的机制。那么，我们如何有效地获得反馈，不断成长呢？本书提出四点，下面我来分节论述（寻找错误、寻找奖励、主动输出、找个好导师）。

二、寻找错误，因为错误也是学习的一部分

如果你做 20 道数学题，半小时就做完了，而且全对，是不是应该感到高兴？当然可以高兴，但不应该感到非常高兴。

---

[1] Hattie J.. *Visible learning: A synthesis of over 800 meta-analyses relating to achievment.* Oxford: Routledge. 2009.

平时练习的目的就是提高水平，以应对最后的考试。但如果学习者已经驾轻就熟，这半小时就是在浪费时间，没有成长。太容易、太简单的事情不值得做，做好了也没有什么可骄傲的。

在平时的学习中，多犯错未必是坏事。学习者面对错误，不应感到羞耻，而应感到兴奋："太好了，我错了。"因为错了才能记得更牢。错误不是失败，而是精通之路上的必修课和转折点。反之，不能胜任某些工作的人，往往不知道自己差在哪里，自我感觉良好。他们从不犯错误，所以没有办法进步。

巴黎的一所高等研究院曾举办过一场名为"错误节"的活动，旨在向人们传达一个重要的教育观念：错误并不代表失败，而是代表着我们的努力。[1] 当我们意识到自己犯了错误时，可能会感到一些挫败和不安，这是很正常的反应。然而，我们应该尽快将这种感受转化为努力的动力，以充分展现错误对我们人生的意义。

为什么对错误的反馈会促成学习上的进步？脑科学研究表明，人的大脑在面对错误时会出现两种反应，从而对该项事物施加更多的关注：

第一，自动学习。当大脑体验到正确反应和错误反应之间的冲突时，脑电活动会自动增加，发出"错误相关负波"（ERN）。"错误相关负波"使得大脑自动调用资源，调整注意力并监控身体做出行为上的改变。整个过程完全在学习者无意识的状态下完成。这属于大脑自动

---

[1] [美] 彼得·C. 布朗（Peter C. Brown）、亨利·L. 罗迪格三世（Henry L. Roediger III）、马克·A. 麦克丹尼尔（Mark A. McDaniel）著，邓峰译：《认知天性——让学习轻而易举的心理学规律》，北京：中信出版社，2018。

学习，修正错误。

为什么影视作品的反转能让我们印象更深刻，即使我们并没有抱着学习的目的去看它们？因为大脑判断错误激发了错误相关负波，让人在无意识的状态下提升了记忆力。

第二，主动学习。当错误发生，学习者也有意识地关注到错误时，大脑的脑电活动会增加，发出"错误正波"（Pe）。错误正波促使大脑变得异常活跃，这是学习的最佳时刻。

迈克尔·乔丹在他的职业生涯中，曾错过许多关键的投篮，导致比赛失利。但他没有气馁，而是主动分析自己的错误和失败，意识到自己需要改进投篮技术。他花了大量的时间在训练场上练习投篮，调整出手的力量和角度，改进射程和准确性。通过不断地实践和调整，在错误中成长，乔丹最终成为一名出色的射手，也成为 NBA 历史上最伟大的球员之一。

错误的发生促使大脑"自动"和"主动"双管齐下进行学习，是修正和升级大脑内部模型的警报。伴随着大脑的前扣带回皮质、腹侧注意网络依次被激活以及 θ 波的出现，大脑开始更新内部模型，以将其打造得更加完美。

只要是犯错误了，即使你不主动学习，大脑也会自动学习。不过，光靠自动学习，效果是要打折扣的，最好的方式是既自动，又主动。

史蒂夫·乔布斯的创业生涯可谓跌宕起伏。1980 年，苹果推出了一款名为"apple Ⅲ"的电脑，在设计样品时，乔布斯擅自取消了电脑的散热风扇，这一举动不仅导致苹果电脑的销量下降，还给消费者留下了"不专业、质量差"的印象。在 20 世纪 80 年代中后期，苹果电脑如日中天时，乔布斯再次犯了巨大错误，坚持使用苹果"闭源"系统，不开放外部软件书写，这给了竞争对手 IBM 和微软很大的机会，在 20 世纪 90 年代，苹果电脑的市场份额迅速下降，乔布斯被自己创立的苹果公司解雇。然而，乔布斯犯错之后一直没有放弃，而是吸取教训，持续改进产品，继续创新，后来还成立了皮克斯动画工作室，并最终重返苹果，带领公司取得了前所未有的成功。

由此可见，错误并不可怕，关键在于对待错误的态度和处理错误的方法。错误也可以是学习的一部分。有时，为了取得进步，学习者还要主动寻找错误。那么，我们怎么做才能将错误转变成学习的动力呢？

接受错误：首先，要接受"错误是学习过程中的一部分，而不是失败或挫折"。要将错误视为一个机会，一个能够帮助你成长和进步的机会。

分析错误：仔细分析错误的原因和背后的因素，问自己为什么犯了这个错误，有什么可以改进的地方。这种自我反思和分析可以帮助你更好地理解错误，并找到解决问题的方法。

吸取教训：从错误中吸取教训，并将其应用于未来的行动中。思考如何避免类似的错误发生，或者如何在类似的情况下做出更好的决策。将错误视为一个宝贵的经验，为自己的成长提供指导。

不断改进：将错误作为改进的动力，不断努力提高自己。不要害怕犯错，而要勇敢地尝试并从中学习。

培养积极心态：保持积极的心态和乐观的态度，相信自己有能力从错误中学习并取得进步。

制作错题本

每位同学都应该有一本错题本。从"只知道埋头做题"到"真正成为学霸",需要做到两点:第一是"好为人师",第二是考后复盘(使用错题本)。

错题本的正确用法:

第一,即时积累。无论是平时的练习还是考试,都要注意积累错题,而且是即时积累——发现错题马上积累,不能拖。

第二,红笔分析。在错题的旁边,用红笔写下分析:是粗心失误,还是思维方法不对?抑或是运算错误?

第三,对错比照。对于比较重要的或者反复做错的题目,要把原来错误的关键步骤和正确的解法都清晰写上,以便回顾对比。

错题本的错误用法:

第一,过于漂亮。过于关注书写上的美观往往会让人忘记最初的目的。

第二,过于详细,没有错点。错题本不是把每个步骤都写上,而是要突出重点,把错的步骤写上,这是修正的关键。

第三,"没事时再看看"。如果准备等到没事的时候再把错题本拿出来看看,那就等于没时间看错题本。因为上学总是紧张而忙碌的,很少会有"没事"的时候。所以,要设置固定的时间翻看错题本。

第四,使用手机软件。手机软件错题本容易因为手机或者软件升级而丢失。另外,使用手机看错题本往往会因为其他信息而转移注意力。所以,我更推荐传统纸质本。

第五，不压缩错题，只是一遍遍地翻错题本。错题本应该越翻越薄。有些题不再做错了就略过，要重点击破那些反复做错的题目。

失败和错误一样，也是大脑的一种负面反馈。但失败比错误带给我们的情绪冲击更强烈，往往会导致更严重的后果，因此我们非常害怕。如果我们在情感上不再害怕失败，把失败当成上文中的错误来处理，那么失败就真有机会变成成功之母。

如果我们能平心静气地面对每一次考试的结果，不让考试这个行为承载过多的荣誉、排名、前途等附加价值，而仅仅将其当成一次提高自己的机会，我们应该就不会这么害怕考试，担心考砸了。

三、寻找奖励：怎样夸奖学习者才能让他们欲罢不能？

在所有的反馈中，奖励反馈应该属于最有效的一种，因为它能直接激活大脑的奖赏系统，使其大量分泌多巴胺，让当事人欲罢不能。

多巴胺不仅提供快乐，还提供欲望，让人持续想做一件事。微信新消息的小红点为什么要设计成红色，而不是其他颜色？因为红色能够刺激大脑分泌多巴胺，让人不自觉地就想去点。Facebook（脸谱网）最初提醒新消息的小点并不是红色的，而是蓝色的，因为老板扎克伯格是红绿色盲，对蓝色最敏感。结果，月活用户数惨淡，这个平台一直无法推广。而把蓝色改成红色激发了用户的点击欲望，成为推动 Facebook 快速发展的因素之一。这一招被其他社交软件纷纷效仿。[1]

要想长期保持对工作、学习的热情和专注，就要想办法促进多巴胺的分泌。对于儿童学习者来说更是如此。"儿童的大脑对于负面反馈的反应不如成年人，但得到正面反馈的时候，他们的大脑活跃度却高于成年人。因此，应该给儿童更多的表扬，而不是批评。"[2]

美国著名心理学家赫洛克曾做过这样一项实验：他将被试的青少年学生分成四组，让他们在不同的诱因下完成任务。第一组为表扬组，每次工作后给予表扬；第二组为批评组，每次工作后严肃批评；第三组为忽视组，不对他们做评价，但他们可以通过观察前两组的表扬和批评获得反馈；第四组为控制组，与前三组是隔离的，不对他们做任何评价。控制组成员不知道自己为什么而学习，学习后也不知道自己是对还是错，没有收到任何反馈。

最后的结果是，前三组的表现均优于控制组；表扬组和批评组优于忽视组；表扬组优于批评组并且成绩不断提高。可以给这些被试的表现这样排序：表扬组＞批评组＞忽视组＞控制组。

这项实验说明，大脑喜欢正反馈机制，表扬是优于批评的。此外，适当的批评会比不做任何评价的效果要好。

---

[1] [加] 希米·康（Shimi K. Kang）著，张晶译：《屏幕时代，重塑孩子的自控力》，上海社会科学院出版社，2023。
[2] Crone E. A.、Zanolie K.、Leijenhorst, et al. "Brain regions underlying the development of performance monitoring." *Cognitive, affective and behavioral neuroscience*. 2008.

那么，该怎么夸奖孩子呢？

第一，要夸具体小目标的完成，而不是虚无缥缈的"前途"。 我小时候，最常听见大人对孩子的激励就是"好好学习才会有前途"。可是什么是前途，怎样才算有前途，我到现在都还没明白，更别说一个孩子了。所以，用前途来激励孩子没有意义。以他们的认知水平，根本不能理解。还不如把"前途"化成一个个小目标，把孩子最终的学习任务拆分成一个个小目标，比如，完成20道题目，写好一篇作文，数学考试提升10分，等等。只要达到目标，就给奖励。无数的小奖励会化作孩子脑中的多巴胺，持续激励他们。

第二，要夸得具体而真诚。 夸孩子的时候一定要具体而真诚，而不是用"你真棒""太好了"这种抽象的表达，让人感觉是在应付和敷衍。比如，孩子写了一篇作文，具体的夸法不是"写得真棒"，而是"读你的文章，让我感受到自己仿佛在田野里漫步，听到了虫鸣，闻见了稻香……"，如果再能够加入建设性的意见"如果加入……会更有创意，让文字更美，故事更吸引人"，效果会更好。这样会让孩子感觉父母真的在认真对待他的作品，这种真诚的尊重也能带给他良好的正反馈。

第三，要夸努力，而不要夸聪明，重视过程而不是结果。 斯坦福大学的卡罗尔·德韦克教授曾做过一个实验，研究表扬方式对孩子的影响。实验让孩子们完成一个简单的积木拼图游戏。实验者对一半的孩子说："你真聪明！"对另一半的孩子说："你真努力！"结果发现，这样简单的措辞的不同导致了孩子们后续行为上的差异。被夸聪明的孩子更倾向于选择更容易的游戏题目，而被夸努力的孩子更倾向于选择更难的游戏题目。

这是为什么呢？当孩子在成功完成任务后被夸聪明时，他们会认为聪明是更重要的。为了让自己显得聪明，他们会选择一个容易的题目，并再次成功地完成任务。如果选择一个难的题目，万一失败了，别人可能会认为他们不够聪明。另一方面，被夸努力的孩子认为努力更有价值。他们更注重别人对他们努力的认可，而不是他们的聪明才智。他们更愿意选择难的题目，因为难的题目需要更多的努力，而他们付出的努力越多，价值感就越强。因此，被夸努力的孩子比被夸聪明的孩子更愿意迎接挑战。[1]

夸人聪明，代表的是固定型思维。因为大多数孩子认为聪明就是一直聪明，愚笨就会一直愚笨，个人的奋斗无关紧要。夸人努力，代表的是成长型思维，因为努力的程度可以改变，孩子们可以通过主观的奋斗改变结局，获得成长。

所以，要夸孩子努力，不要夸孩子聪明；要重过程，不要重结果；要看成长，而不要看表现，用成长型思维助力孩子取得未来的成功！

四、在主动输出中寻找反馈

"输出是最好的教学""用输出倒逼输入"，是费曼学习法的核心原

---

[1] [美]卡罗尔·德韦克（Carol Dweck）著，楚祎楠译：《终身成长》，南昌：江西人民出版社，2017。

则，因为输出兼顾了自我反馈和外界反馈的过程。

"以教促学"的本质就是用自己的话将知识解释给别人听。输出的过程就是应用大脑内部模型解决问题的过程。大脑会出现自我反馈，认识到自己知识结构的不足，然后想办法完善内部模型，这恰恰是学习进步的开始。在哈蒂的研究中，自我评估是影响学习效果极其重要的因素，效应量高达 1.44。

输出不仅是教别人，也可以是教自己。正如芭芭拉·奥克利在《学习之道》中所提到的，主动回想测试是最有效的学习方法之一，比一遍遍被动地重复阅读材料要好得多。写听课回顾或者会议回顾都是对听到的内容进行梳理的过程，都是输出的过程。

在互动的过程中，输出者获得的反馈也能激励自我成长。在社交平台上写文章就是如此。它本质上就是对阅读过的内容经过思考后的输出。在分享观点并获得反馈之后，我们会不自觉地更深入地研究和探索。

所以，科学的学习策略是一边构建内部模型，一边使用内部模型产出作品，获取反馈。能否持续输出是学习效果优劣的无形的分水岭，持续输出也是坚持学习的动力。

我一个朋友的孩子学习跆拳道三年，不仅风雨无阻，而且每次孩子都要求不迟到、不早退。其中一个重要的原因就是孩子每次下课回来都要教爷爷打拳。孩子是老师，爷爷是学生。在爷孙互动的过程中，孩子不仅学得快，还玩得开心。

以前你可能会选择每日打卡的方式来学习英语，现在你可以选择更符合输出的方法，例如直接翻译一段美文、查询英文文档、阅读英文原版书，或者将手机语言设置成英文。尽管这样做可能会有些困难，但在这个过程中，你必然会补充相关知识，逐渐实现目标。

如果你要学习其他的内容，不妨也试着在自媒体上输出作品。不求拥有多少粉丝，但求坚持输出。慢慢地，你的学习行为就有机会得到即时反馈：要么帮助自己或他人解决了一个问题，要么产出了一个有价值的作品。这些反馈会给予你强烈的成就感和继续前进的动力。

五、找个好导师，主动向导师寻求反馈

导师是最了解你的人，也是你崇拜的人，获得导师的反馈往往比获得其他人反馈的效果要好得多。这里所说的导师，并不特指学校里的博士生导师或者硕士生导师，而是泛指在学习、工作中能够指导你的"师父"。

导师通常在特定领域拥有丰富的经验和专业知识，他们对于你所学习的领域有深入的了解，并能够提供准确、有价值的反馈。同时，作为第三方，导师能够客观地评估你的工作和表现。他们不带个人情感或偏见，能够提供中立的反馈，可以帮助你看到自己的盲点和改进的空间。更重要的是，导师不仅能提供反馈，还能给予你指导和支持。他们可以分享自己的经验、智慧和资源，帮助你解决问题、克服困难。

向导师寻求反馈，需要特别注意几个问题：

第一，反馈不是等来的，而是你自己主动与导师沟通来的。要选择有效的方式让导师知道，你需要什么样的帮助。要有具体的目标和具体的问题，让导师能够有针对性地、更好地帮助你，避免导师把时间和精力花在不必要的地方。

第二，要有良好的心态接受建议。接受导师的反馈时，态度要积极，要愿意接受改进的建议。表扬的话大家都喜欢，但当导师指出你的缺点和不足时，不要将这种反馈视为批评或攻击，而要将其视为成长和进步的机会。

第三，水平提高后，要及时更换导师。导师并不是终身制。导师是人，可能会成长，也可能会退步。选择导师并不是水平越高越好，而是越适合越好。他的水平恰好可以促使你进步，而不是让你望洋兴叹，失去自信。当然，当你的水平提升，感觉目前的导师已经无法辅导你时，你就要去寻找新的导师。

讨论：看英语电影时，该不该看字幕？

如果真是以学英语为目的看英语电影，那就不是"要不要看字幕"的问题了，而是"要看几遍甚至几十遍英文电影"或者"如何使用字幕"的问题了。有目的地学习和泛泛地学习完全不同，这不再是了解电影的情节，而是体会英文的用法。

刚开始不熟悉时，可以看字幕加深理解，然后应该只看英文字幕自行理解，再看中文字幕，看看自己理解得如何，甚至要将中、英文字幕分别抄写下来，过几天看着中文翻译成英文，再将其与英文字幕对照，从中观察自己的不足。也可以给自己录音，再将其与电影中的对白对比，不断提升自己的发音。

如此，一部两小时的电影可能要花数周时间才能做到完全掌握。虽然用的时间长，但带来的学习效果也是惊人的。要学习，要进步，就必然要有反馈，而字幕就是向你提供反馈的工具。

Chapter 7

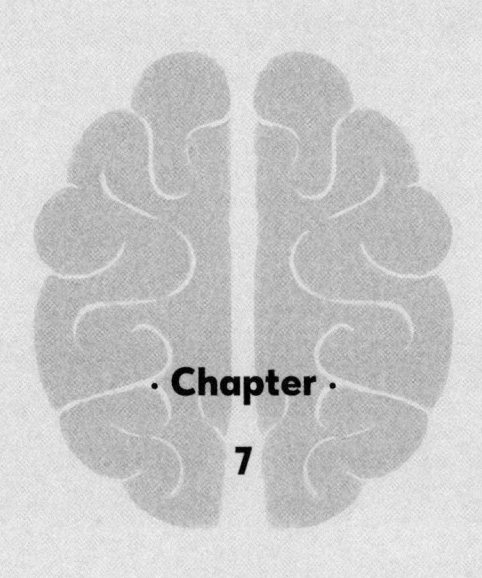

**高效休息：
怎样呵护大脑，
让孩子吃好睡好？**

一、大脑累了,需要休息

高效学习是一个非常消耗"脑力"的行为。大脑感到疲劳,是一件非常正常的事。然而,对于大脑的休息方法,却一直富有争议。有人说,大脑的休息就是睡觉。有人认为,睡觉太浪费时间,大脑其实通过转换不同的任务就可以休息。还有人认为,学习累了,运动一下就是休息了。近几年,冥想和正念越来越火热,也成为休息大脑的方式。

究竟哪一种方式是真正的休息大脑呢?上述方法似乎都在某一种场景下有作用,但有时候又没作用,"好像对,又好像不对",这又是为什么呢?

其实,休息大脑的方法富有争议的原因是,把所有引起大脑疲劳的原因都归结于一个字——"累"。这样就混淆了大脑"累"的真正原因。多元原因不能用单一的方法解决。大脑的疲劳是分不同的情况的,根据具体的情况设计不同的方法,才是解决之道。

大脑累的四种情况

1. 专注于学习，意志力不断被消耗

本书第四章中专门分析过，大脑之所以能够短期专注，是因为脑内的神经递质——去甲肾上腺素的推动。去甲肾上腺素的浓度升高，大脑的专注力就可以提升，从而使人精力充沛地完成学习任务。但是去甲肾上腺素是物质资源，是物质就会被消耗。随着神经递质不断消耗，大脑就会感觉越来越疲劳，不能集中精神。针对这种情况，我们的对策是休息时抓住"舒缓"的原则，让大脑暂时减少或者停止分泌去甲肾上腺素，比如彻底地放空自己，在阳光普照的沙滩上享受白噪声，或者干脆睡着。这样才能真正保存一定的去甲肾上腺素，为接下来紧张的工作储备能量。并且要时刻牢记，"精力"是有限的资源，要把"精力"消耗在真正有意义的学习活动中，不要在紧张的游戏或者刺激的影片中过度消耗去甲肾上腺素，导致越休息越累。

2. 不断重复同一件事，引起疲劳

当我们不断重复学习同一件事物，或者用同样的思路思考事情时，大脑极易感到疲劳，比如重复做同一类型的数学题，或者反复背诵同一组英语单词。重复同样的内容时，相同的神经信号会重复刺激同一个区域的神经元细胞，导致反复读取记忆数据库中的储存信息。这种重复的刺激和重复的信息读取，会诱导同一神经元产生疲劳。这种现象在生活中相当常见，一个原本很熟悉的字、一张熟人的照片、一个熟悉的地点，看久了也会突然产生陌生的感觉。长时间待在充满香味或臭味的空间里，我们对这个气味的感觉也会因为渐渐习惯而消失。

因为嗅觉感受器以及传导嗅觉的传入神经持续接收到了相同的刺激，会渐渐被抑制。当抑制过程在大脑皮质内引起广泛的扩散，并扩散到皮质下中枢时，就会引起想睡觉或者十分疲劳的感觉。

这种重复信息带来的神经抑制功能原本是大脑在漫长的演化过程中为了适应环境而进化出的特殊能力。大脑适应旧的感觉刺激，有利于它探究新的刺激。然而，这种能力却在重复学习中变成了阻碍。

对付这样的大脑疲劳，最好的办法就是转移大脑的注意力。看一些新鲜的东西，让大脑得到休息，便会得到缓解。比如：重复背单词累了，就看看数学题。刷同一数学题型烦了，就读读古诗词。

3. 大脑很活跃，身体低兴奋

许多同学在面对自己感兴趣的内容时，可以久坐不动。还有的同学早已习惯了久坐不动的学习。然而一直这样下去却发现，大脑虽然很兴奋，但是身体却犹如僵尸。身体血流速度变慢，大脑的供血减少，最终也会让人产生疲劳的感觉。有时候长时间奋战论文，突然站起来，会有一过性眼前发黑的"黑蒙"现象出现。这就是头部缺血最直观的反映。面对这种疲劳，运动是最好的处方。美国加利福尼亚大学洛杉矶分校的研究人员发现：成年人久坐行为会引起大脑的颞叶皮质变薄。英国利物浦约翰摩尔斯大学的研究人员发现：久坐 4 小时后，流向大脑的血液明显减少；坐了两小时然后起身休息 8 分钟的人，在散步休息期间血流量增加，但回到办公桌前时血流量又会下降。那怎样做基本不影响脑血流呢？每过 30 分钟就站起来慢速步行两分钟。可见，对于桌面工作者而言，长时间不间断地坐着会减少大脑血液的流动，但是当他们频繁短时间行走休息时，这种影响就会被抵消。建议伏案学习的同学们每隔30—40分钟就站起来走动走动，方法详见本章第五节。

但有的时候，即使不学习，不运动，什么都不做，一整天仍觉得很累，这又是为什么呢？因为大脑内耗。

4. 大脑内耗引起疲劳

有时候明明没做什么事情，却依然像消耗了所有精力一样。焦虑担心，觉得压力大，心里似乎有许多事情没有做完，想开始做却觉得毫无头绪，不知如何开始，没有勇气，更没有动力。好多人把这种情况称为"内耗"。如何摆脱"内耗"呢？首先我们要搞清楚一件事："内耗"到底是身体的哪一部分在消耗？它又是如何消耗的？

大脑的 DMN（Default Mode Network，默认模式网络）

我们非常清楚，大脑在学习、工作时会消耗大量的能量。可是，当我们发呆、休息、走神的时候，大脑是否就像电灯泡一样，关灯休息、节省能量了呢？

答案是否定的。大脑在静息状态下消耗的能量也很多，有时甚至和大脑做任务时消耗的能量相差无几。也就是说，大脑从不关机！尤其是大脑的以下几个部分，在人类处于静息状态时，仍然在不断工作，大量激活，它们是：后扣带回皮质、楔前叶、前额叶皮质的内侧部分（如图16所示，黑线标注指出的部分为仍在工作激活状态的脑区）。

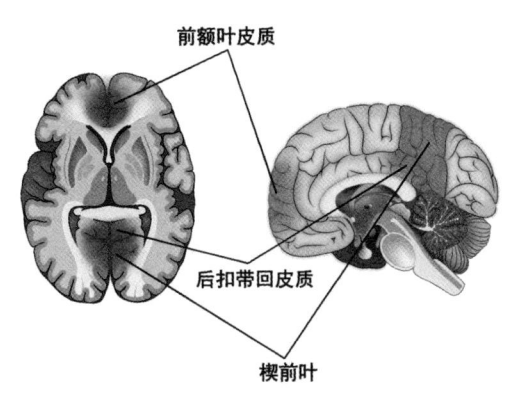

图16 静息状态下人脑仍在工作的脑区

所以，分心、走神、发呆并不一定可以让大脑休息，反而可能让大脑更累。

2001年，华盛顿大学医学院的神经科学家们，把大脑在休息时候的"基线状态"消耗能量的模式称为**大脑的DMN（默认模式网络）**。有时候你觉得你在休息，但你大脑的能量早就被DMN消耗光了。这就是你天天感到心累的原因。

哥伦比亚大学心理学教授斯科特·巴里·考夫曼（Scott Barry Kaufman）认为，DMN可能导致焦虑，因为这往往涉及对未来的担忧。当DMN活跃时，大脑中负责回忆的区域也会被激活。这表明，在想象未来时，大脑依赖于过去的经历。

这就是我们的大脑：不断懊悔着过去，又担忧着未来。这一切都是导致"内耗"甚至疾病的原因。

2016 年发表在《脑成像与行为》(*Brain Imaging and Behavior*)杂志上的一项研究表明，几个 DMN 区域的连通性增强与焦虑和抑郁症状有关。而英国研究人员发表的证据表明，DMN 活动的改变与抑郁症患者的消极思维模式有关。

由此可见，只要有 DMN 的存在，大脑就永远不会真正的"关机休息"，而是无时无刻不在紧张地工作，消耗资源。DMN 也可能是"内耗"的"罪魁祸首"。

那么，如何改变这一切，让大脑进行真正的休息？我提出三个方案：第一，削弱 DMN；第二，利用 DMN；第三，彻底睡着。

1. 削弱 DMN：正念冥想有效吗？

DMN 什么时候高度活跃？我们思想迷失或者徘徊不前的时候。DMN 什么时候会削弱？此刻！那些能将大脑牢牢地固定在此时此地的活动或经历似乎能使 DMN 平静下来。大脑作为一个信息处理器，不断提取着过去、预测着未来，但唯独一个时间它常常忽略，那就是当下！活在当下，就是削弱 DMN 的方法！

2011 年，《美国国家科学院院刊》(*Proceedings of the National Academy of Sciences of the United States of America*)上发表了一项研究，该研究将正念冥想练习与 DMN 某些区域的"失活"联系了起来。后扣带回皮质的活动在正念冥想时会显著减弱。而后扣带回皮质的活动越活跃，一般注意力、控制力就越差，人就越容易分神，也越容易成瘾。因此，这可能在一定程度上解释了正念是如何帮助人们控制焦虑和上瘾的。从这项研究发表以后，越来越多的研究开始支持正念冥想对削弱 DMN 活动的积极作用。

这里提供一个简易的 5 分钟正念法，大家可以练习。为了达到更好的放松效果，需要每天坚持。

（1）基本姿势

坐在椅子上，稍微挺直背部，离开椅背。腹部放松，手放在大腿上，双腿不交叉。闭上眼睛或者睁着眼睛，双眼望向前面 2 米左右的位置。

（2）关注身体的感觉

感受与周围环境的接触：脚底与地板、屁股与椅子、手与大腿等。感受身体被地球重力吸引。

（3）注意呼吸

注意与呼吸有关的感觉：通过鼻孔的空气；因空气进入胸部与腹部的起伏；呼吸和呼吸之间的停顿；每一次呼吸的深度；吸气和呼气的时候空气的温度差异；等等。

如果杂念浮现，就将注意力重新放回到呼吸上。

2. 利用 DMN

不是每一个人都适合练习正念冥想，而且正念也无法完全关闭 DMN。它就这么讨厌吗？我们就拿它没办法了吗？难道要看着我们的脑力资源一点点被消耗浪费吗？完全不是这样。我们不仅不用关掉 DMN，还可以利用 DMN 来帮我们做事，达到我们的目的。

DMN 平时消耗的大量的脑力能量，被称为"内耗"，是因为这些脑力资源没有统一的方向，它们如同布朗运动一样混乱，各自为政，互相攻伐。但如果你让这些意识资源有了统一的方向，它们就会朝着同一个方向运动，帮助你想出好办法。

前提是你必须有一个明确的目标，然后不断地告诉和暗示自己。

这样才能让你的大脑为意识资源调整方向，让它们有序排列，统一朝着目标行动。

赫农王让金匠替他做了一顶纯金的王冠。做好后，国王疑心工匠在金冠中掺了银子，但这顶金冠确与当初交给金匠的纯金一样重。到底工匠有没有捣鬼呢？既想检验真假，又不能破坏王冠，这个问题不仅难倒了国王，也使诸位大臣面面相觑。后来，国王将它交给了阿基米德。阿基米德冥思苦想，试了很多方法，但都失败了。

阿基米德并没有焦虑抑郁，也没有放弃，而是不断围绕着目标（王冠难题）进行思考。这让他的大脑不论是处于工作模式还是处于休息模式，都在试图解决这个难题。

有一天，他坐进澡盆里洗澡，看到水往外溢，同时感到身体被轻轻托起。他恍然大悟，跳出澡盆，连衣服都顾不上穿就直向王宫奔去。原来他想到，如果王冠放入水中后，排出的水量与同等重量的金子排出的水量不同，那肯定是掺了别的金属。

这就是有名的浮力定律，即浸在液体中的物体受到向上的浮力，其大小等于物体所排出液体的重量。后来，该定律被命名为阿基米德定律。

由此可见，目标对大脑资源的分配是多么重要。许多人开车时第一件事就是打开导航，设置目的地（目标），然后再上路。可是，对于自己的人生之路，却浑浑噩噩，没有目标了。如何设定目标，让大脑自动实现目标？大家可以参考本书第三章内容。

3. 彻底睡着

睡眠状态下虽然大脑也不关机，DMN 却可以大幅度削弱。而且睡眠对于学习的意义可不止于此：睡觉是学习的一部分！

二、睡觉也是学习的一部分

我做学生的时候，也曾羡慕过成绩好的同学，还曾观察他们的学习生活，想向他们学习。特别是上自习课的时候，想看看他们是怎么提升学习效率的。结果发现，有的同学竟然在睡觉！直到我学习了脑科学，才知道原来睡觉也是学习的一部分。

睡觉时，大脑没有停止工作

许多传统的观点认为"睡觉时大脑是休息的"，所以往往把睡觉和学生偷懒联系在一起。然而，现代脑科学研究已经证明：我们的大脑是座不夜城。睡觉时，只是换了一个模式继续工作。睡觉时，是大脑的短期记忆向长期记忆转换的主要时机。

什么是短期记忆？我背了一串数字，比如电话号码。今天记住，明天忘记，或者上午记住，下午忘记，这就是短期记忆。大多数短期记忆的信息会储存在海马回中，如果不进一步刻入大脑皮质，就会被海马回删除。

什么是长期记忆？我背了一个电话号码，可能一年甚至一辈子都不会忘记。这就是长期记忆。长期记忆是被海马回牢牢刻入大脑皮质的信息，可能伴随你的一生。

考试用的是什么记忆？今天记住，半年后期末考试再来考察，肯定是长期记忆。因此，提升学习成绩，关键在于提升长期记忆。

然而，白天并不是将短期记忆向长期记忆转化的时机。只有当你熟睡的时候，海马回才会整理、刻盘，将短期记忆变成长期记忆。有人不解：为什么要这样？白天刻盘不好吗？为什么非得等到晚上？

你知道睡熟的时候有一个重要优势吗？那就是你的大脑会停止信息输入。只有在停止信息输入的状态下，你的海马回才方便分门别类地整理信息，抛弃垃圾信息，把精华信息刻入大脑皮质，将其变成长期记忆。

所以，一边听英语，一边睡觉，能提升记忆力吗？不能。因为大量的语言信息不断输入熟睡的大脑，会干扰海马回整理信息和将信息刻盘。可能英语语感提升了，但对语文、数学、物理、化学等其他学科的记忆一定会受到影响。

压缩睡觉的时间，就是压缩长期记忆形成的时间，就是在压缩你的学习时间和考试分数。打个粗糙的比方：你在白天奋力苦读，学习了100个知识点，形成了100个短期记忆。如果你拥有充足的睡眠，晚上100个短期记忆全部刻盘转化了，祝贺你，期末考试有考100分的潜质。但如果你的睡眠时间是原来的一半，海马回来不及整理，100

个短期记忆只刻盘了 50 个长期记忆，那期末考试的时候，最高可能只有 50 分了。这就是拼命努力的人不及睡眠充足、合理用功者的秘密。

学习分成两个部分：白天的学习和夜晚熟睡时的学习。两者同样重要，不可偏废。

到底要睡多少才算够？

不同的人，处在不同的年龄，有不同的身体素质和生长环境，对睡眠时间的要求是不一样的。但总的来说，还是有一定的规律可循。以下是美国国家睡眠基金会推荐的不同年龄段的人每天的睡眠时间：

新生儿 (0-3 个月):14—17 小时

婴儿 (4-11 个月):12—15 小时

幼儿 (1-2 岁):11—14 小时

学龄前儿童 (3-5 岁):10—13 小时

学龄儿童 (6-13 岁):9—11 小时

青少年 (14-17 岁):8—10 小时

成人 (18 岁以上):7—9 小时

当出现睡眠时间确实不足，但又要突击完成任务的情况，该怎么办呢？答案是间隔学习：把同样的知识点分散在几天或者几个阶段来学习。详见第五章。

三、打造学习者的高质量睡眠

睡前要注意

第一,床就是睡觉的地方。床上不是学习、看电视剧、看电影、玩手机或者开家庭会议的地方,最好做到一看见卧室的床就产生想睡觉的条件反射。

第二,兴奋你的副交感神经助眠。副交感神经管理人的休息,而交感神经兴奋时,适合奋斗和行动。入睡前 90 分钟洗个澡或者泡个热水足浴有助于兴奋副交感神经系统,抑制交感神经系统,让人产生睡意。但不建议在热水沐浴或者足浴后立即睡觉,因为此时神经系统仍然处于亢奋的状态,不利于入睡。需要经过 90 分钟左右,让体温下降,神经系统进入舒缓的状态,慢慢催发睡意。

第三,营造氛围。睡前可以进行一些舒缓运动,冥想、瑜伽、阅读、香薰等都可以助眠。但要避免大量光线进入眼睛。大脑对光线非常敏感,拥有良好睡眠的秘诀之一是减少夜晚光线的摄入,要特别注意避免蓝光!手机或平板电脑等电子产品极容易产生蓝光,所以最好不带手机上床。

保持整周期睡眠

正常人的睡眠结构周期分两个时相：非快速眼动睡眠（NREM）期和快速眼动睡眠（REM）期，两者交替出现。一个非快速眼动睡眠期和一个快速眼动睡眠期构成一个睡眠的完整周期，大概是 90 分钟。而我们一晚上的睡眠，大概要经过 4 到 6 个睡眠周期。如果想起床时神清气爽，就要保证睡整周期，即睡 90 分钟的整数倍，比如 7.5 小时或者 9 小时。

特别注意：睡眠周期是从你入睡而不是上床开始计算。比如，你一个晚上睡 4 个周期（6 小时）左右，你需要半小时入眠，那么可以设置六个半小时后的闹钟。如果你确实不知道自己何时入睡，也可以借助手环来进行评估。

计算时间，进行评估，摸索个体化的睡眠

睡眠是非常个体化的事情。除了掐表计算整周期睡眠外，通过自我评估进行调整也是摸索个人睡眠节奏的好办法。以下是美国睡眠医学会（AASM）2017 年发布的"睡眠质量建议"，你可以自测是否达标。

1. 能在 30 分钟内入睡

从上床准备睡觉到入眠不超过 30 分钟。

2. 每晚醒来 5 分钟以上不超过 1 次

如果年龄小于 65 岁，夜里醒来数次，但都能翻个身又睡过去（整个过程不超过 5 分钟），那就属于正常；而如果年龄大于 65 岁，每晚醒来两次以内（超过 5 分钟），那也属正常。超过两次的，首先要考虑是睡眠呼吸暂停综合征引起，还是其他疼痛、不适导致，建议去医院就诊。

3. 醒后在 20 分钟内能重新入睡

一般来说，醒后 20 分钟内，身体仍然属于放松状态，容易再次入睡。但如果超过 20 分钟都不能入睡，就要引起重视。如果只是偶尔出现这种情况，可以下床做一些放松活动，如看书等，但不要刷手机。经常出现类似问题的，建议就诊。

4. 第二天起床时精力充沛

四、健脑需要什么样的饮食？

早餐

1. 早餐吃不吃？

早晨的时间特别紧张，导致许多人没时间好好准备早餐，甚至不吃早餐。可是对于大脑来说，早餐往往最重要。

英国卡迪夫大学做了一项研究，经过跟踪调查 100 多所小学中近 5000 名 9—11 岁的孩子发现，经常吃早餐的孩子学习成绩普遍比不吃早餐的孩子好。[1]

浙江省教育厅发布的浙江省 2016 年中小学教育质量综合评价监测结果显示，每周吃早餐的次数对学业的影响远大于参加校外补课、家长教育水平或家庭收入水平等因素的影响。每周吃早餐次数越多的学生，学业成绩越高，分差可达 50—70 分，相当于多接受 1—1.5 年的教育。

2. 吃什么：碳水、蛋白质、脂肪，大脑最喜欢哪个？

许多家长最重视蛋白质，早餐必定提供丰富的蛋白质，比如鸡蛋、牛奶等。但他们往往忽视了碳水。其实，对于上午紧张工作的大脑来说，碳水反而更重要。

为什么呢？因为大脑是高耗能的器官。大脑只占我们体重的 2%—3%，却消耗了我们全身 20%—25% 的能量。大量的能量从何而来？食物中最主要的供能物质就是碳水。

对于学生来说，上午是上主课的时间。上午的学习往往最紧张，压力最大，耗能也最大。所以，如果早上只是摄入牛奶、鸡蛋等蛋白质，碳水、蛋白质和脂肪在身体内会相互转化，优质的蛋白质在身体内会被转化为葡萄糖，被大脑白白燃烧掉，非常可惜。而且，在转化的过程中，身体也要做功，会很辛苦。不如在提供牛奶、鸡蛋的同时搭配好碳水，如面包、馒头、包子、粥等。要让合适的人做擅长的事，也要让所有营养物质的能量在身体里发挥出最大效果。

---

1 Hannah Littlecott, et al. "Association between breakfast consumption and educational outcomes in 9–11-year-old children." *Public Health Nutrition*. 2015.

3. 还有什么要注意的?

一是必要的蛋白质和脂肪。高质量的蛋白质有鱼肉、鸡肉、猪瘦肉、牛肉等，它们都有助于脑细胞结构的组成。健康的脂肪有坚果、深海鱼类等，它们可以维护脑细胞的细胞膜和髓鞘结构。

二是含乙酰胆碱和核糖核酸的食物，比如小动物的脑及肝脏、卷心菜等绿叶蔬菜、黑鱼子酱、蛋类食品、麦芽糖、大豆卵磷脂等豆类食品。它们可以给大脑带来活力，充分提高记忆力和工作效率。

三是不可忽视的维生素和矿物质。如维生素 C 能使脑细胞的结构更坚固，充足的维生素 C 可使大脑功能更灵活、敏锐。而缺锌会导致注意力不集中，更为严重的，可能会导致多动症。缺铁会使人疲倦、乏力、无神。因为维生素和矿物质很难通过食物达到充足的摄入，你可以考虑购买市面上的复合维生素矿物质胶囊，每天早上吃一粒，简单又方便。

中餐

1. 午饭的食材一定要保证新鲜

新鲜的食物能够促进大脑内神经干细胞的生长和分化，延缓大脑的衰老。这意味着，过期的、霉变的食物不能吃。油炸的、烧烤的尽量少吃。新鲜的肉类、蛋类、瓜果蔬菜等食物非常有利于大脑的保养。

2. 午饭需要补充大量的水

水作为一种营养素，看上去最普通，却非常重要。水是组成大脑的主要成分，大脑约 80% 都是水。尤其大脑里的脑脊液，是清除脑细胞代谢废物的重要物质，水摄入不足将导致脑脊液分泌减少，影响大脑排毒。

有些人一旦投入到工作或学习中，就会忘记喝水。经过一上午的高强度消耗，还有对早餐的消化吸收和身体代谢，到了中午，身体已经处于缺水状态，这时一定要及时补充水分。这点在炎热的夏天或者空调房里尤为重要。

3. 午饭要注意多样性，搭配不同品种

既要有多种维生素与矿物质，还不能单调，以免厌倦。另外，碳水化合物最好挑选全麦食物，如玉米饼，配上鱼肉或者鸡肉。饮品尽量选择纯净水、纯果汁、脱脂或低脂牛奶。

晚餐

1. 时间选择

进餐时间最好安排在晚上 6 点左右，尽量不要超过晚上 8 点。8 点以后，尽量不要再吃任何东西，饮水除外。并且晚餐后 4 小时内最好不要就寝，这样可以使晚上吃的食物充分消化。

2. 食物选择

建议晚餐的搭配 50% 是蔬菜，25% 是低脂蛋白或者肉类，25% 是粗粮，如糙米或全麦面食。

复杂碳水化合物（如全谷物、全麦）可以达到催眠的效果，因为它们可以缓慢而持久地供给血糖。相反，简单碳水化合物（如白面包、糖）会加重睡眠问题，因为它们会快速升高血糖，导致体内血糖不稳定,增加浅睡眠,甚至使你在睡眠中苏醒。

富含色氨酸的食物(牛奶、小米、核桃、瓜子、醋等)有安眠作用,因为色氨酸可以转化为血清素,再转化为褪黑素,促进睡眠。不建议晚餐摄入大量蛋白质,因为它们不易消化,可能导致失眠。

劳累了一天的身体会产生大量的氧自由基,作为代谢废物毒害身体,所以晚上补充一些天然的抗氧化剂非常必要,比如蓝莓、黑枸杞、芦荟汁等等。

五、运动也能促进大脑健康

运动是对大脑最好的投资

人类似乎比任何动物都更需要运动。动物园里的大猩猩从来不用"举铁",一样肌肉发达。马儿也从来不上跑步机,但跑起来飞快。可是人类就不行!人类卧床 10 天以上,肌纤维横截面积会缩小 20%,肌肉力量会降低 40%!

那么,运动有利于大脑的健康及正常运转吗?答案是肯定的。许多同学认为从运动中获益最大的是我们的肌肉和骨骼。但其实,在运动中获益最大的身体器官是我们的大脑。可以说,运动是对大脑最好的投资。运动除了能加速全身的血液循环和代谢，给大脑带来丰富的血供、氧气和营养外，还对大脑有以下好处。

第一，调节情绪。 繁重的学业压力可能给学生们带来种种情绪问题，比如易怒、敏感、惴惴不安等等，有些人甚至患上了焦虑症和/或抑郁症。这其实是大脑的"愉悦中枢"出了问题。运动会激活大脑内部的快乐神经递质——多巴胺、内啡肽和血清素等，这些激素可以改善情绪，给人带来幸福感，有利于建立一个更健康的"愉悦中枢"。运动对于减轻严重抑郁症的症状非常有效。2022 年 4 月，一项发表在《贾马精神病学》(*JAMA Psychiatry*)上的研究统计了 191 130 名参与者的情况。研究发现：体力活动量越大，抑郁风险越低，每周累计快走 2.5 小时的人比完全不运动的人患抑郁症的风险降低了 25%；而只有上述一半活动量的人，患抑郁症的风险降低了 18%。2024 年，《英国医学杂志》(*BMJ*)调查了 14 170 名参与者，发现不同运动方式对抑郁均可起到很好的治疗效果。抗抑郁效果最好的运动是：散步或慢跑、瑜伽和力量训练。

第二，调节注意力。 运动有助于提升专注力，主要原因是提升了大脑中多巴胺和去甲肾上腺素的浓度。二者都是维持大脑专注力的必要因素。因此，运动可以提高人的效率、反应能力，有助于改善人们的专注力和注意力，让人们更好地面对日常生活中的挑战。跑步 5 分钟，大脑内部的多巴胺浓度就会开始上升，并且维持几个小时。早上运动有助于一整天都神采奕奕、精力集中。

第三，提升认知能力。 复杂运动（乒乓球、羽毛球、足球、瑜伽、街舞等）可以有效增加脑源性神经营养因子（BDNF）的分泌，而后者是促进大脑神经连接的重要营养物质。因此，运动可以"长脑子"。衰老会减少大脑海马回的大小，并导致记忆力受损和痴呆症。经常运动的成年人海马回和颞中叶的体积较大。《美国国家科学院院刊》曾刊登过一项研究：让老年人在跑步机上运动，每周三次，每次 40 分钟。一年后，他们海马回的大小增加了 2%，等同让大脑年轻了 2—4 岁。《美国医学会杂志：神经病学分册》研究发现：持续运动 3 个月就能有效增大海马回、提升脑源性神经营养因子的水平。

大脑需要运动，但首先要把运动和学习相结合

运动可以让大脑更聪明吗？当然可以！但要将运动和学习捆绑在一起，才能达到最好效果，而不是单纯地运动！这就是为什么有些人频繁运动，身体变得很强壮，成绩却并没有提升。

运动虽然能产生大量新的神经细胞，但如果这些新的细胞不加以使用，将会慢慢被大脑"修剪"掉，等于白白浪费了资源。而持续学习才能充分使用这些神经细胞，并建立神经细胞之间的复杂连接。

所以建议大家充分运动后洗个澡，休息一下，然后开始学习，而不是休闲娱乐。这样才能充分通过运动健脑。

美国内珀维尔中央高中做了一个体育教学实验。他们将学生分成两组，实验组的学生每天起床后的第一件事就是跑步——每个人用自己最快的速度跑 1600 米，同时保证心率要达到最大心率的 80%—90%，运动完再进行上午的学习；而对照组的学生只需要进行普通的体育锻炼。结果显示，半年后，实验组的学生阅读理解的能力提升了

17%，而对照组的学生只提升了 10%。[1]

这项实验提醒我们，如果要运动健脑，不是随便散散步就好，而是要关注自己的运动心率。比如，今年 20 岁的你最大心率为 200 次 / 分，那么运动的时候要让自己的心率至少达到 200 次 / 分的 80%，即 160 次 / 分，才能达到较好的效果。

大脑喜欢怎样的运动？

1. 以有氧运动为基础

大脑是人体极度需要氧气的器官。它消耗着人体 20%—25% 的能量，而这些能量都依赖血液里由氧气参与的葡萄糖酵解的化学过程。

有氧运动指能使心率加快，能持续一段时间并且出汗的运动，比如跑步、骑自行车等。它们能为机体提供丰富的氧气，加速大脑的血液流动，提供能量，带走代谢废物，并且促进大脑分泌多巴胺和内啡肽等愉悦性物质，让人更加开心。每天坚持 45 分钟的有氧运动能让大脑得到最好的锻炼。

2. 有氧运动与复杂运动相结合

光进行有氧运动对于健脑来说还不够。需要把有氧运动和复杂运动相结合，才能达到最佳效果。

复杂运动，比如乒乓球、桌球、太极拳、花样滑冰等，可以充分调动人的眼、手、脚等全身各部位，也能相应地激活大脑的前额叶皮

---

[1] [美] 约翰·瑞迪（John Ratey）、埃里克·哈格曼（Eric Hagerman）著，浦溶译：《运动改造大脑》，杭州：浙江人民出版社，2013。

质、基底节、顶叶、枕叶、小脑等多个脑区。

更重要的是，运动时，大脑可以分泌脑源性神经营养因子，这种物质对神经营养至关重要。当有氧运动和复杂运动相结合的时候，脑源性神经营养因子的分泌量比单纯进行有氧运动或者复杂运动时都高。

科学家将小白鼠分为两组，一组小白鼠只进行跑步运动，另一组小白鼠则进行跑步加攀爬、走迷宫等复杂运动，结果表明，复杂运动小组小白鼠的大脑执行力明显强于跑步小组小白鼠的大脑执行力。

科学家解剖小白鼠发现，跑步组的小白鼠只有海马回分泌大量脑源性神经营养因子，而复杂运动小组的小白鼠不仅是海马回，基底节、小脑等多个部位均分泌了脑源性神经营养因子。这也反映出，有氧运动和复杂运动起到了互补作用，有效促进了神经细胞的再生和激活。[1]

3. 每天要练多久？

对于健康的成年人来说，世界卫生组织建议每周至少进行 75 分钟的高强度活动，比如跑步、踢足球、打网球，或进行 150 分钟的中等强度运动，比如快走、爬山、打排球、玩滑板。同时，建议每周至少进行两次肌肉锻炼，比如普拉提、阻力带运动、深蹲。

对于青少年来说，建议每天至少进行一小时的身体活动，同时至少每隔一天进行一次能够增强肌肉力量、强化骨骼、提高柔韧性的身体活动。

---

[1] Walsh J. J.、Tschakovsky M. E. "Exercise and circulating BDNF: Mechanisms of release and implications for the design of exercise interventions." *Applied Physiology Nutrition and Metabolism*. 2018.

讨论：突击备考可行吗？

在前文中我们提及，"睡眠不足＋突击学习"，也就是通宵临时抱佛脚的学习方法，效果是最差的，而其中最重要的原因是缺乏睡眠，即缺乏短期记忆向长期记忆的转化。临时突击学习得来的全是短期记忆，考完就忘记了。这也是我们大多数人临时抱佛脚后的经验之谈。但是，临时抱佛脚对考试有效吗？

答案是有效的。如果一项东西无效，不会有这么多人对它趋之若鹜。临时抱佛脚通常指的是在短时间内突击学习，特别是考前的几小时。从认知神经科学遗忘规律的角度讲，突击学习确实可以起到巩固记忆的作用。然而，这种办法并不值得提倡。因为**突击学习虽然有效，但效率要远低于渐进式学习**。短时间内将大量新的知识点一股脑儿地灌入大脑，这种行为叫记忆干扰。因为人脑一次性能记住的信息是有限的。就像大量的食物一次性吃进肚子里，势必引起消化不良，甚至生病。所以，我推荐大家采用渐进式学习的方法，每天就记住一点点，持之以恒，积少成多，正所谓"勤学如春起之苗，不见其增，日有所长"。所以，考前临时抱佛脚永远是下下之选，不得已才使用这最后一招。

那么，利用这最后一招时，怎样使效率最大化呢？其实就是一句话："把握遗忘规律，争取最大效率。"人脑的记忆和遗忘都是有一定的生理规律的。考试前的时间非常紧张，大家往往要在短时间内突击学习大量知识。有人选择直接通宵，学到考试时间直接参加考试，结果往往体力不支，考试时思路一片混乱，明明学过的内容硬是想不起来（因为是七八小时前学的，已经大量忘记了）。也有人选择通宵后睡 1—2 小时再考试，这样睡眼惺忪地参加考试，效率其实也不高。须知，遗忘规律的关键是"记住知识点的头一个小时将会忘记将近一半的内容"。临近考试的 1—2 小时，其实对于突击学习最重要，最有效率。所以，与其考试头天晚上通宵苦读，还不如先睡个好觉，考试当天早点起来努力，这样记住的东西（短期记忆）可能会更多一些。

· Chapter ·

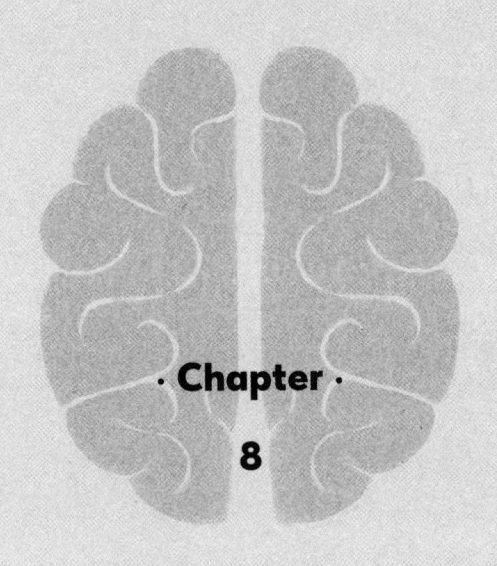

8

调节情绪:
如何提高孩子的情绪韧性?

一、"高分低能"只是善意的谎言

有一段时间,"高分低能"这个词成了"书呆子"的代名词,特指那些成绩很好,但情商很低、能力不济的同学。后来甚至把高分和低能捆绑在一起,让许多人误以为成绩好的学生大多数情商不高,几乎所有博士都是戴着眼镜在象牙塔里钻研的书呆子。情商低成了高分学生的缺点。然而,事实真是这样吗?

我也是博士毕业。我发现许多博士同学不仅成绩好,而且还是情商高手。他们充分活跃在各个学生组织的第一线,实验做得好,论文写得好,家庭生活也很和睦。同时我还观察到,作为一名优秀的博士生导师,不仅需要很强的业务能力,也必须具备高超的社会交往能力,特别是共情他人的能力。在学科交叉研究日益兴盛的今天,拥有高情商和社交技巧更有利于获得研究课题合作方的关注和信赖。

为什么他们一通百通,什么都强,仿佛被打通了任督二脉?这个"任督二脉"到底是什么?就是前额叶皮质!可以说,人类的情商是由前额叶皮质和大脑边缘系统共同管理的结果。那么,"前额叶皮质掌控情绪"是如何被发现的?

曾经的神经科学界一直认为,大脑的边缘系统是掌控人类情绪的主要结构，前额叶皮质只负责人类的理性，而菲尼亚斯·盖奇的事例打破了这种看法。

菲尼亚斯·盖奇是一名铁路建筑师，一次工地上的意外导致铁棍穿过了他的大脑。经过治疗，盖奇恢复了自由行动和正常思考的能力。可是，他身边的人却渐渐发现，盖奇和以前完全不一样了。以前的盖奇非常温和、谦虚，现在的他却脾气暴躁，经常无缘无故地生气，甚至动辄破口大骂。

医生经过研究发现，铁棍刺破了盖奇的前额叶皮质，对其造成了不可恢复的损伤。这说明大脑的前额叶皮质对于情绪的控制起到了关键作用。经过后续的一系列研究，最终明确了前额叶皮质对情绪的掌控能力。

如果说大脑的边缘系统情感脑会产生情绪（快乐、伤心、愤怒、惊恐等等），那么前额叶皮质则会发出命令掌控这些情绪，让你快乐时不乐极生悲，伤心时不会在陌生人面前痛哭流涕，愤怒时懂得控制住自己，保持涵养，受到惊吓时依然能镇定自若。我们常说的"控制不住情绪"、"情绪崩溃"或者"不能感知别人的情绪"，其实并不是情感脑出了问题，而是负责掌控情感的前额叶皮质出了问题。

所以，如果一个人的情绪出了问题，首先应该进行医疗检查，看看前额叶是否生病了，最简单的就是做一个头部磁共振。如果确定前额叶没问题，再谈如何激活前额叶来提升掌控情绪的能力。

二、情商是怎样练成的?

情商（Emotional Quotient，简称 EQ）这个词的字面意思是情绪商数，是由心理学家和脑科学家们提出的与智商相对应的概念。哈佛大学心理学博士丹尼尔·戈尔曼曾提出："情商是人类最重要的生存能力。人生的成就至多 20% 可归功于智商，另外 80% 则要受其他因素（尤其是情商）的影响。"但是，现实情况似乎不容乐观。

2018 年发布的《中国青年发展报告》显示，中国 17 岁以下的儿童和青少年中，有约 3000 万人受到各种情绪和行为问题的困扰。对中国 15 个城市的 73 992 名 6—16 岁的儿童、青少年所做的调查表明，儿童情绪和行为问题的发生率为 17.6%，其中 12—16 岁青少年的情绪和行为问题检出率高达 19.0%。2019 年中国青少年研究中心与中国科学院心理研究所针对青少年进行的心理健康专题调查显示，14—18 岁青少年中，有 7.7% 存在抑郁高风险，5.1% 存在重度焦虑情况。

想要解决情绪的问题、提升情商，首先要理解情商。那么，情商这个概念是怎么来的？早在 1925 年，美国心理学家桑代克（Thondike）就提出了社会智力（social intelligence）的概念，并把其描述为"了解和管理他人的能力以及与他人相处的能力"。1988 年，心理学家巴昂（Bar-On）第一次使用"EQ"这个名词，并编制了世界上第一个标准化的情绪智力量表。1995 年，丹尼尔·戈尔曼出版了《情商——为什么情商比智商更重要》一书，该书荣登世界多国图书畅销榜，在全世界掀起了一股 EQ 热潮,使得 EQ 一词走出心理学的学术研究领域,走入人们的日常生活。情商这个概念得到普及。

哈佛大学心理学博士理查德·J. 戴维森(Richard J. Davidson)阐明了情绪的六个维度。

第一,情绪调整能力,主要由左侧前额叶皮质和杏仁核掌管。 当人面对挫折和困境的时候,是会陷入崩溃与绝望,还是会百折不挠,坚持到底?情绪调整能力强的人在面对困难时能迅速地使自己的情绪恢复平静,而情绪调整能力差的人则需要缓慢地恢复。这背后的机制是:左侧前额叶皮质与杏仁核之间的神经通路越多,情绪恢复得就越快,而神经通路越少,恢复得就越慢。

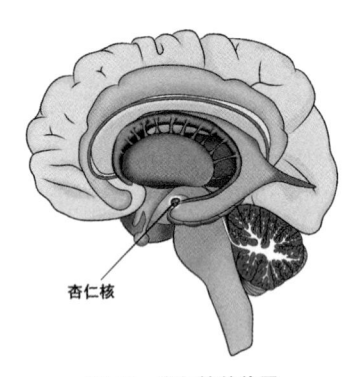

图17 杏仁核的位置

第二,生活态度,主要由前额叶皮质和伏隔核掌管。 人面对生活时,是积极还是消极,是乐观还是悲观?前额叶皮质输入的信号越多,伏隔核的活跃水平就越高,一个人的生活态度就越偏向积极;相反,前额叶皮质输入的信号越少,伏隔核的活跃水平就越低,一个人的生活态度也就越偏向消极。

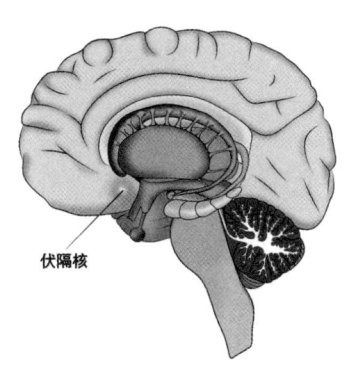

图 18 伏隔核的位置

第三，社交直觉，主要由梭状回和杏仁核掌管。人是否能清楚读懂别人所表现出来的心理状态或情绪状态？梭状回的激活水平越低，就越无法判断对方的面孔所传递的是什么情绪。杏仁核激活则使人焦虑，进而影响视觉对社交信号的捕捉。较低的梭状回活跃水平和较高的杏仁核活跃水平是社交直觉迟钝的原因。

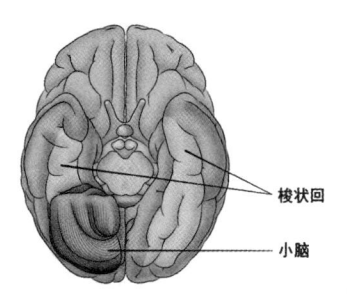

图 19 梭状回的位置

第四，自我觉察的能力，主要由岛叶掌管。人是不是能清楚地了解内在的自我，比如发脾气以后能否觉察到自己过于暴躁了？一个人大脑的岛叶越活跃，自我觉察能力就越强，反之亦然。

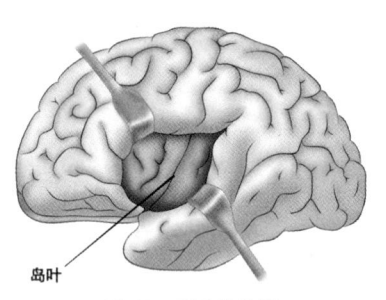

图 20　岛叶的位置

第五，情境敏感／迟钝，主要由海马回掌管。人能否区分不同社交场合中的交往习惯和规矩？一个人去朋友家拜访的时候，如果还和在自己家里时一样随意，那他就是个情境迟钝的人。情境敏感的人会根据所处的不同环境来调整自己的行为，做出更合时宜的举动。情境迟钝的人的海马回活跃水平较低，而情境敏感的人的海马回活跃水平较高。

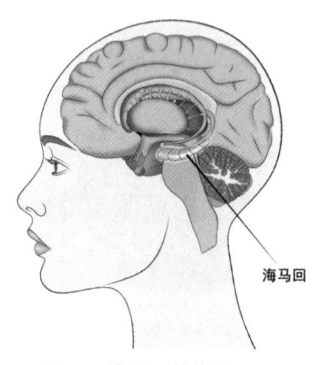

图 21　海马回的位置

第六，专注力，主要由前额叶皮质掌管。专注力指"保持注意力集中的能力"。前额叶皮质以及其中的神经递质多巴胺、血清素和去甲肾上腺素对专注力有重要作用。前额叶皮质可以增强我们希望关注的信号，比如老师正在讲课的声音；同时，它也可以减弱我们希望忽略的信号，比如教室外面嘈杂的声音。

根据上述内容可知，前额叶皮质在情商管理中起到了至关重要的作用。因此，要提升情商，首先要激活健康的前额叶皮质。

激活前额叶皮质、提升情商的方法

1. 运用写作的力量：记录和分析情绪

当你觉得情绪不佳、压力大或者脑子里一团乱麻的时候，记得马上把你的情绪描写和记录下来。千万不要低估了写作的力量。你把情绪一条条记录下来的时候，就是你的前额叶皮质在客观分析和掌控情绪的时刻，等于你换了一个角度，即用上帝视角审视自己。前额叶皮质会调动更多的脑力资源帮你自动调整情绪，并对当前的负面事件有更清晰的认知。不需要你有多强的文字功底，你要做的只是：写下来！许多同学在实践中发现，在自己把不安的情绪记录下来的那一刻，似乎就没有那么焦虑、烦躁了。当我们把一条条待办的学习任务在纸上列出来的时候，就会发现事情没有我们想的那么多，也没有我们想的那么难。所以，文字工作者会说："写下来，痛苦就会过去。"

很多年轻人的人生导师，《人生护城河》的作者张辉也曾说过自己一个化解情绪的经历：与人吵架后，晚上回到家已是 10 点，余怒未消，而此时还没有写当天承诺要写的文章。怎么办？他干脆开始写自己生气的感觉，因为那个时候，愤怒占据了他的心，容不得他有其他任何想法。

于是他开始写生气的细节，写自己为什么生气。写到一半的时候，他突然释然了。张辉发现，自己可以站在另外一个角度去理解与自己吵架的这个人了，理解了对方的立场和处境，也意识到了自己的问题。

2. 故意到有干扰的地方学习

前额叶皮质是调控注意力和情绪的主要脑区。到有干扰（包括注意力干扰和情绪干扰）的地方做需要专注力和稳定情绪的事情，等于给前额叶皮质做了负重训练，能够起到锻炼的效果。如此之后，当你卸下负重，前额叶皮质在处理注意力和情绪时就会更轻松。比如，同学们可以选择每隔一天在学校的食堂（人来人往、嘈杂的环境）里做需要极度专注的数学题，让前额叶皮质加倍活动。

3. 偶尔故意使用不方便的工具，给前额叶皮质出点难题

技术的发展让我们的学习越来越便利，手机、平板电脑、语音输入、搜索引擎用得越来越顺心。可是，"顺心"的结果是，调整情绪的前额叶皮质"退居二线"了。长久不用就会"生锈"，再遇到不顺心的事情，就调整不过来了。所以，同学们要偶尔故意使用不方便的工具，让前额叶皮质不那么"顺心"，好好练习怎样处理烦恼。比如：在安全的情况下，故意不用手机地图导航去一个陌生的地方，而是分析纸质地图、问路、动脑筋思考，锻炼自己。写作业时，偶尔故意用笔芯或者毛笔写字，你会发现速度好慢，但耐着性子写下去，前额叶皮质调节情绪的作用发挥出来，就会有一种豁然开朗的感觉，这就是"写字养心"的过程。

4. 改变固有习惯，做一些计划外的事情

如果每天都是一模一样的流程，前额叶皮质几乎在休息，按部就班的事情就都交给大脑的基底节区域完成了。就像业务熟练了，老板（前额叶皮质）就不管了，都交给员工（基底节）去完成。发生意外时，前额叶皮质才会开足马力、努力工作。所以，在学习中，要有意让前额叶皮质遇见意外。做一些计划外的事，锻炼前额叶皮质的调整能力。比如习惯用右手的同学，可以偶尔用左手写字。一直在用功写作业的学生，可以放下练习册尝试做做家务。要有意识地制造新的场景，打破固有的生活节奏。

5. 冥想

冥想和正念练习确实有调整前额叶皮质能力的作用，有时间的同学可以尝试练习。每天早上醒来后，找一个安静的地方坐下来，闭上眼睛，专注于自己的呼吸，观察自己的身体感觉和情绪状态。先从坚持几分钟开始练习，然后逐渐增加时长。

6. 广泛阅读，打开视野

读书是提升眼界、格局和情商的重要方式。因为读书不仅可以帮助我们学习知识，还能引导我们从不同的角度看待问题，提高我们的洞察力和判断力。读书的过程就是和作者对谈的过程，也是全面激活前额叶皮质的分析、控制和判断能力的过程。同学们可以选择阅读与情商相关的书籍，比如《情商——为什么情商比智商更重要》《沟通的艺术》《杀死一只知更鸟》等。每周阅读几章，在阅读的过程中尝试将书中的观点与自己的学习生活联系起来,并思考如何将它们运用到实际生活中去。

以上是一些具体的步骤和实际例子,可以帮助大家更好地理解和实践如何提升情商和激活前额叶皮质。大家可以根据自身需求和兴趣选择适合自己的方法,并逐步应用到日常生活中。记住,持之以恒的实践是提升情商的关键。

三、对抗压力,轻装上阵学起来

许多同学抱怨学习压力大,谈"压力"而色变。可是,凡事都有两面性,压力并非一无是处,在许多情况下,压力反而能激发人体的潜能。

正视压力的正面价值

1. 压力可以帮助提升学习效率

在压力的作用下,大脑的注意力可以更集中,记忆力可以更敏锐,甚至做到在短时间内突飞猛进。许多同学在考试前"临时抱佛脚",会突然发现原来记忆起来很费劲的知识点也没那么难了；暑假即将结束，开学前几天，突然想起《暑假生活》还没做，于是疯狂赶工，在短短几天之内完成了一整个暑假的作业！这就是压力助攻的作用。

2. 压力可以促进释放大脑的潜能

适当的压力能够激发大脑的潜能，让人更具创意和才华。在压力状态下，大脑会分泌更多的肾上腺素，可以让视觉、听觉都更敏锐，感知和分析问题的速度加快，大脑短期内会升级成一个"威力加强版"的信息处理器。比如曹植的《七步诗》、米开朗琪罗的《大卫》、王勃的《滕王阁序》都是顶着巨大的压力在短期内迸发大脑能量创作出来的优秀作品。

大脑应对压力的三个阶段

为什么有的压力有益，而有的压力有害呢？从脑科学的角度来讲，人面对压力时的心理反应一般分成三个阶段。

1. 唤醒阶段（有益的压力）

压力产生初期，大脑出现警觉，动员全身资源分泌激素，加快个体的反应速度和效率。如果问题解决，压力源解除，则一切恢复正常，这个阶段的压力便属于有益压力。而如果问题一直解决不了，压力持续存在，人就会变得焦虑、紧张，产生各种躯体不适，工作效率下降，等等，大脑就会进入第二阶段。

2. 抵抗阶段（从有益到有害的转化）

面对无法消除的压力，大脑将调动所有资源，对压力源的抵抗达到最高水平，甚至是以"超水平"来维持心理稳态，防止心理崩溃。

如果问题仍旧不能解决，压力持续存在，大脑便会逐渐趋于僵化，不再调整应对方式。这时候可能出现轻微的心理异常或者恶心、呕吐、头痛、心律失常等躯体症状。如果这种有害压力持续存在，大脑就会进入第三阶段。

3. 消竭阶段（有害的压力）

大脑面临连续、极度的压力时，会逐渐放弃防御，出现心理代偿表现，如心理混乱、脱离现实，甚至出现幻觉、妄想。如果这种压力状态继续下去，人就会进入全面崩溃状态，出现暴力行为，或淡漠、木僵，甚至死亡。

客观、谨慎地评估压力

压力对身体的负面影响取决于两个方面：**一是压力的强度和持续时间，二是大脑的防御水平（心理弹性）。**

大脑就像一个面对压力的"心理弹簧"，"弹簧"的质量（心理承受能力）固然重要，但如果客观压力实在太大，就算"弹簧"再强也会被压爆。所以，想要合理抗压，首先要全面客观地评估压力，如果压力确实过大，无法承受，则应该远离压力源。

我曾经有一个患者，他是我的朋友，也是一家基金公司的经理，饱受焦虑症的困扰，四处求医也没有解决。他找我看病，我一开始也没能治好他。不过因为我们关系非常好，他向我敞开心扉，将他老板骂他的录音给我听。我发现这个老板打压员工太严重，正常人谁都承受不了。老板也有焦虑症，但他可以把压力转移给下属——我的朋友，而我的朋友就只能转移给家人，折磨家人了。我建议他，如果想治好焦虑症，一定要离开现有的公司和工作环境。他听了我的话，到另一家基金公司做经理，新的工作环境很宽松，也不再有职场打压，他逐渐减轻了焦虑，找回了自信，不仅升职了，家庭生活也更美满了。

所以，家长一定要帮孩子仔细评估压力，不能一直劝孩子从自己身上找原因。如果发现校园霸凌，存在孩子被老师或者同学欺负的现象，一定要先着手处理好压力源。

强化青少年的"心理弹簧"

对于大多数青少年来说，正常的学习和家庭生活带来的压力都是健康的"心理弹簧"可以承受的。问题在于许多同学甚至家长的内心对于压力过度敏感，稍微有点压力，就极度不开心甚至焦虑沮丧。因此，加强"心理弹簧"的建设显得尤为重要。一个健康的大脑是面对高压时的巨大缓冲器。大脑各项机能运转正常，可以帮助你消除情绪风暴所带来的影响。只要大脑中的快乐中枢[1]是健康的，我们就能够"苦中作乐"，即使被击倒也能轻松站起来。具体要怎么强化"心理弹簧"呢？

1. 认识到情绪的大起大落是青少年的特点，而不是缺点

青少年时期是身体发育最快的时期，而此时大脑发育的速度却相对慢了下来。特别是代表理性的前额叶区域发育最慢（男性30岁左右

---

[1] 多巴胺和5-羟色胺是快乐激素，与之相关的脑部结构叫"快乐中枢"，包括大脑的边缘系统、中脑等结构。

成熟，女性25岁左右成熟），远远落后于代表情感的大脑杏仁核、伏隔核、梭状回等边缘系统的发育。这导致了青少年的"情感脑"的能量大于"理性脑"。在理性控制不住感性的情况下，青少年的情绪犹如脱缰之马，难以掌控。他们往往情绪大起大落，甚至会做出许多异常行为。这是青少年情绪的特点，但绝不是缺点。因为只要老师和家长善于引导，而不是用严厉管控的方法激起他们的逆反心理，青少年朋友完全能够养成健全的人格，控制好自己的情绪，并利用这些特点创造更美好的青春与人生。在孩子们的前额叶不够发达的情况下，家长和老师要主动成为孩子的"前额叶"，理解他们并及时帮他们起伏的情绪"踩刹车"，就像我们刚学会开车的时候控制不住汽车，教练会坐在副驾驶上帮我们踩刹车一样。教练不会怪我们或者嘲笑我们，因为这条路他曾经也走过。教练只是慢慢地引导我们，让我们最终掌控好汽车。

另一方面，许多父母甚至是老师对"焦虑症"、"抑郁症"过度敏感和恐惧，无法分清"病态"和"正常态"的边界。许多父母和青少年陷入了这样的逻辑：心情不好是件很严重的事，并且大多数情况可能是疾病！大家对普通的逆境感到过度的恐惧，于是开始吃药、看医生、找培训机构。作为一名医生，我深知滥用药物或者过度治疗对青少年发育中的大脑带来的危害。生而为人，我们是不是应该适度承受挫折，并且用自己的方法去化解痛苦？所谓的心理健康并不是指时时刻刻都感觉良好，而是指对当下的情境有恰当的感受，并且能有效地管理这些感受。

真正的抑郁症和焦虑症本质上是大脑快乐中枢的结构发生了器质性改变，导致快乐激素分泌不足。这些疾病和一般的不开心有本质上的区别。有的人不开心的话，散散心就能解决，而有些人无论怎么散心、怎么开导都没有用，整天自怨自艾，甚至有自杀的想法。后者就要考虑是否有抑郁症或者焦虑症的可能，要及时去医院神经科或者精神科进行评估，寻求帮助。后文提供了抑郁状态的评估表格，供大家参考。

2. 锻炼，在阳光下从事喜欢的运动

运动，特别是有氧运动，是青少年建立健康的大脑"快乐中枢"的重要手段。如果这项运动恰好是你喜欢的运动，那么快乐激素的分泌将更加旺盛。世界卫生组织建议5—17岁的儿童和青少年每天进行60分钟以上的中高强度运动，并且隔天进行可以增加肌肉强度的体育运动。这不仅是为了强健体魄，获益更大的是青少年在成长中的大脑。阳光能促进血清素的合成。有条件的话，青少年可以每天在阳光下运动一小时，让大脑的快乐中枢充分运转。推荐的运动有散步、跑步、跳绳、乒乓球和羽毛球等等。

3. 做喜欢的事，让学习和生活充满意义

做喜欢的事能让大脑的快乐中枢进行充分的运转和调整，让人在快乐中获得成长。相反，每天郁郁寡欢，背负压力，痛苦得无法自拔，做这样的事不仅是一个消耗的过程，也会导致快乐激素的分泌减少，最终使得大脑的快乐中枢萎缩。同学们可以发展自己的爱好，参加各种兴趣小组（比如篮球小组、舞蹈小组、科技小组等），广泛交友，在小组活动中全身心投入，让大脑的快乐中枢得到成长。

4. 乐于助人，多欣赏别人，多感恩别人

从脑科学的角度分析，欣赏、感恩和帮助别人的同时，大脑的快乐中枢也会开始工作，分泌快乐激素。这是人脑长期进化的结果。人

天生是社会性动物，只有进行充分的利他行为，才能更好地融入团队和社会。所以，"好为人师"是一个不错的学习方法。在辅导和帮助其他同学的过程中，不仅教学相长，孩子自己也能养成学习型大脑，塑造更强大的快乐中枢。当孩子日后面对困难和压力时，强大的快乐中枢和曾经帮助过的朋友们会共同帮助他渡过难关。

5. 限制刺激性的活动

观看恐怖电影、刷短视频以及高空蹦极等活动让你获得快感的原理是激活了大脑的快乐中枢，特别是多巴胺系统。可是，如果你长期从事此类活动，快乐中枢的耐受性就会增加，只有增加刺激强度才能达到原来的快感程度。所以，过度"刺激"的活动会损伤快乐中枢。当快乐中枢退化时，面对巨大压力，大脑将无法做出有效的情绪调整。因此，家长和老师要对青少年有正确的引导，限制此类活动，让他们将充足的能量释放到正确的地方去。

增强个人控制感，抵御压力

在拥有健康的"心理弹簧"的前提下，还有哪些技巧可以抵御压力呢？我们之所以感受到压力，很多时候是因为对学习或者生活失去了掌控。比如，虽然这段时间非常努力，可是成绩还是没有提升；老师布置了如山的作业，却要求在短时间内完成；爸爸妈妈一直吵架，甚至闹离婚……面对"计划总比变化快"的生活，如何增强个人的控制感呢？

第一，不要推卸责任。

当人们感到失控时，通常的做法是：将责任推给他人。不论出了什么问题，他们总是可以找到一个责怪的人。如果确实找不到可以推卸责任的人，那就把责任推给"曾经的自己"。比如，我们常常会听到有人说"如果当时我这么做了，就好了""如果当时复习了这道题目，就好了"。从心理学的角度讲，这其实是个体面对压力时自我保护的表现。

然而，当你面对压力时，首先就应该停止抱怨别人，要归咎于自己。你身边的人（父母、同学、老师等）可以帮你分担，但是能控制生活的只有你自己。要审视为什么会导致今天的局面，把问题找出来，一条条改正。要停止对自己说"如果当时这样做多好"，改口问自己"接下来我需要做什么""怎样才能达到我的学习目标"，慢慢你会发现，困难陆续都被解决了。

第二，尽可能多地搜集信息。

心理学家亚伯拉罕·马斯洛曾经说过："你不了解的事物控制着你，而知识会带来选择和控制。"当人们不了解自己将要面对什么的时候，压力是最大的。这时要向自己提问："我将完成一个怎么样的学习任务？我将如何一步一步完成它？"搜集信息，详细地了解当前的任务。将任务拆分为许多细节，并进一步搜集知识，详细了解。渐渐地，压力减轻了，你会觉得看似困难的任务也不过如此。

比如，正在大学宿舍打游戏的你突然被告知，学校有新的规定，一年后英语要过六级，否则毕业证书拿不到了！这时要怎么减轻压力呢？不是去抱怨，而是立刻着手查询英语六级考试什么时候报名，并向已经考过六级的学长学姐请教，他们是如何过关的，需要准备什么，等等。接下来，你可以制订具体的行动计划。比如报名一个英语提高班、每天抽出一段特定的时间来读英语、考试前三个月开始真题训练等等。当详细的学习和复习计划出炉的时候，你的压力也就减轻了。

四、抑郁症离你并不遥远

一个常见的误区是，大人们以为儿童和青少年都是快乐的。没有工作的压力、房贷和家庭的烦恼，他们似乎不容易陷入抑郁的泥潭。然而，现实并非如此。由于孩子们的心智发展尚不成熟，如果缺乏正确的引导，他们更容易在外界的刺激下陷入抑郁的深渊，甚至自杀，酿成悲剧。根据世界卫生组织的统计数据，全球有预计3.5亿人患有抑郁症，并且年轻患者所占的比例呈日益上升的趋势。其中多数病例发生在14—30岁时，甚至有些发生在八九岁时。在所有接受精神心理疾病治疗的人中，青少年占据了四分之一。据统计，每年我国约有10万名10—24岁的青少年自杀，而其中大部分是抑郁症患者。

据世界卫生组织估算，到2030年，抑郁症患者的人数将超过所有心血管病患者的总数，成为致残的第一大因素。抑郁症到底意味着什么？现如今，很多人轻易将自己的"不快乐"称为患上抑郁症。在网络和生活中，越来越多的人自称"抑郁"，但他们真的患有抑郁症吗？

抑郁和普通的心情不好有什么区别？

抑郁症不仅仅表现为情绪低落，还可能伴随着食欲、睡眠、精力、兴趣、记忆和注意力等方面的变化。通常情况下，这些变化几乎每天大部分时间都存在，并且会持续至少两周。抑郁情绪会对患者的学习、工作和生活等社会功能产生影响。当有人出现上述症状，同时排除了其他可能导致这些症状的身体或精神疾病时，我们就应该严重怀疑他患上了抑郁症。

在这种情况下，患者应尽早寻求医疗帮助。仅仅通过自行使用某些量表来进行测试，无法诊断是否患有抑郁症。这需要专业医生进行仔细评估和检查，才能确定诊断。一般来说，网络上的抑郁量表只能用作筛查工具，而非诊断工具。也就是说，这些量表只能帮助我们初步判断是否存在抑郁情绪，但对于导致这种抑郁情绪的原因以及具体的诊断，还需要医生进行仔细的评估。

还有，抑郁是放松一下就能解决的吗？

普通人在情绪不好的时候可以通过放松心情或者得到一些鼓励来缓解痛苦。然而，抑郁症患者的不快乐源于大脑内部化学物质的变化，大脑的"快乐"功能显著减弱。因此，这种情绪不是仅仅通过放松或倾诉能解决的，而是需要接受正规治疗才能够得到改善。然而，大多数抑郁症患者常常会忽视自己的状况。

抑郁症的根源

抑郁症本质上与脑内 5-羟色胺和去甲肾上腺素等神经递质在神经突触间的浓度相对或绝对不足有关，表现为整体精神活动和心理功能的全面减弱。抗抑郁药物的作用机制是通过抑制神经系统对这两种神经递质的再摄取，增加它们在大脑中的浓度，发挥抗抑郁的效果。

不论抑郁症表现为情绪低落，还是产生幻觉，甚至自杀等，其心理根源都可以追溯到自我否定。患者会觉得自己是一个没有价值的废物，认为生活毫无意义。而自我否定源自对事实的解读。事实本身并不会伤害人，对事实的解读才会对人产生影响。例如，如果我考了倒数第一，我可以有两种解读方式。第一种是认为我考倒数第一是因为我是一个废物。这种自我否定的思维模式很容易导致抑郁。第二种是认识到我考倒数第一是因为我没有努力，其实我有聪明的头脑，只是用错了方法。我相信只要我努力，就可以提高成绩。这种积极向上的心态不会导致抑郁。

抑郁心境应该如何疏导？

抑郁情绪的心理疏导有一个关键点：要否定事实的结果，肯定自己。无论何时都不能否定自己，要相信每个人都是独一无二的存在，在这个世界上拥有自己的使命。作为人类，我们已经是宇宙最高级的生命形式，是宇宙的精华。

此外，不要常常与他人比较，看到别人取得成功就产生"我必须如何如何"或"我应该和他一样"的想法。正是因为这种想法存在于我们的思维中，当现实情况无法达到我们的期望和标准时，我们就会产生无法控制的"不平衡感"，导致一系列心理负担，从而产生压抑、挫败和绝望感。

这个世界上并不存在必须做的事情，也不存在必须或应该达到的标准。每个人的生命都有其独特的轨迹，成功的时机无法预定。有时成功会来得晚些，而这或许会更好。

"我希望自己能像他那样优秀，但现在的我还做不到，因此我正在努力加油。我不是别人的复制品，我一定能找到我的成功之路。"通过这样的思维方式，我们逐渐能够调整失衡的心态，在自己的时区内前进。

除了尝试改变思维方式外，我们还可以深呼吸，让注意力集中在呼吸上。我们还可以进行适量的体育运动，如快走、慢跑、游泳、骑车、练瑜伽、打太极、做健身操等，来放松紧张的神经，改善睡眠和身体上的不适，缓解不良情绪，避免抑郁症的发生。

大多数抑郁症患者是无法自救的

焦虑心境下的患者可能会尝试自救，但对于大多数抑郁症患者而言，寻求医疗治疗是必要的，自救可能会延误病情的治疗进程。因此，当你发现自己有抑郁心境时，如果通过上述方法调整后效果不显著，务必及时去心理门诊或精神科门诊就医，切勿坚持单打独斗。

如何判断自己得了抑郁症？

请根据以下的贝克抑郁量表[1]对自己进行评分，并计算总分值。

贝克抑郁量表（BDI-2）

本量表共有 21 组陈述句，请仔细阅读，根据你最近两周（包括今天）的感觉，从每一组中选择最符合你情况的一条。如果一组中有两条以上符合你，请选择其中更严重的一条。每组只能选择一个答案。

❶ **0**= 我不感到悲伤。
  1= 很多时候我都感到悲伤。
  2= 我始终感到悲伤，不能自制。
  3= 我感到太悲伤或太难过，不堪忍受。

❷ **0**= 我对将来并没有失去信心。
  1= 比起以往，对未来我更感到心灰意冷。
  2= 我感到前景黯淡。
  3= 我觉得将来毫无希望，而且会变得更糟。

❸ **0**= 我不觉得自己是失败者。

---

1 该量表由美国心理学家艾伦·贝克于 20 世纪 60 年代首次编制，因对抑郁的严重程度评估具有较高的灵敏度而被广泛使用。

1= 我觉得我的失败比一般的人都多。

2= 回首往事，我能看到的是很多次失败。

3= 我觉得我是一个完全失败的人。

❹ 0= 我和过去一样，能从喜欢的事情中得到很多满足。

1= 我不能像过去一样从喜欢的事情中感受到乐趣。

2= 我从过去喜欢的事情中得到的快乐很少。

3= 我完全不能从过去喜欢的事情中获得快乐。

❺ 0= 我完全没有内疚感。

1= 我在某些时候有内疚感。

2= 我在大部分时间里有内疚感。

3= 我在任何时候都有内疚感。

❻ 0= 我没有觉得自己在受到惩罚。

1= 我觉得自己可能会受到惩罚。

2= 我预料自己将受到惩罚。

3= 我觉得自己正在受到惩罚。

❼ 0= 我对自己的感觉和过去一样。

1= 我对自己丧失了信心。

2= 我对自己感到失望。

3= 我讨厌自己。

❽ **0**= 与过去相比,我没有更多地责备或批评自己。

1= 我比过去更容易责备或批评自己。

2= 只要我有过失,我就责备自己。

3= 只要发生不好的事情,我就责备自己。

❾ **0**= 我没有任何想弄死自己的想法。

1= 我有自杀的想法,但我不会去做。

2= 我想自杀。

3= 如果有机会,我就自杀。

❿ **0**= 和过去相比,我哭的次数并没有增加。

1= 我比往常哭的次数多。

2= 任何小事都会让我哭。

3= 我想哭,但哭不出来。

⓫ **0**= 我现在没有比过去更加烦躁。

1= 我比过去更容易烦躁。

2= 我非常烦躁或不安,难以保持平静。

3= 我非常烦躁或不安,必须不停走动或做事情。

⓬ **0**= 我对其他人或事没有失去兴趣。

1= 和过去相比,我对其他人或事的兴趣减少了。

2= 我失去了对其他人或事的大部分兴趣。

3= 任何人或事都很难引起我的兴趣。

⓭ **0**= 我现在能和过去一样做决定。

1= 我现在做决定比以前困难。

2= 我做决定比以前困难了很多。

3= 我做任何决定都很困难。

⓮ **0**= 我不觉得自己没有价值。

1= 我觉得自己不如过去有价值或有用了。

2= 我觉得自己不如别人有价值。

3= 我觉得自己毫无价值。

⓯ **0**= 我和过去一样精力旺盛。

1= 我不如从前有精力了。

2= 我没有精力做很多事情。

3= 我做任何事情都没有足够的精力。

⓰ **0**= 我没觉得睡眠有任何变化。

1= 我的睡眠比过去略少（或略多）。

2= 我的睡眠比以前少了很多（或多了很多）。

3= 我根本无法睡觉（或一直想睡觉）。

⓱ 0= 我并不比过去容易发火。

1= 相比过去，我更容易发火。

2= 相比过去，我非常容易发火。

3= 我现在随时都很容易发火。

⓲ 0= 我的食欲没有什么变化。

1= 我的食欲比过去略差（或略好）。

2= 我目前的食欲比过去差了很多（或好了很多）。

3= 我完全没有任何食欲（或总是非常渴望吃东西）。

⓳ 0= 我和过去一样可以集中精神。

1= 我无法像过去一样集中精神。

2= 任何事都很难让我长时间集中精神。

3= 任何事都无法让我集中精神。

⓴ 0= 我没觉得比过去更累或乏力。

1= 我比过去更容易累或乏力。

2= 因为太累或太乏力，许多过去常做的事情不能做了。

3= 因为太累或太乏力，大部分过去常做的事情不能做了。

㉑ 0= 我没有发现自己对性的兴趣最近有什么变化。

1= 我对性的兴趣比过去降低了一点。

2= 我现在对性的兴趣大大降低。

3= 我对性的兴趣已经完全丧失。

评分方式：将各组句子所选项前标注的分值相加，得出总分。

我的分数：(　　　)

总分在 0—13 分者：你很健康、无抑郁情绪，请继续享受生活的美好；

总分在 14—19 分者：你有轻度抑郁情绪，要注意自我心理调节，和朋友、家人多聊聊，或给自己放个假。和家人、朋友一起旅行有助于你恢复正常状态；

总分在 20—28 分者：你存在中度抑郁，需要寻求专业人士的帮助，包括前往心理咨询机构和心理门诊。

总分在 29 分以上者：你的抑郁情绪已经相当严重，必须去医院就诊。你需要按医嘱服药，也许还需要住院治疗。

03

第三部分

超越竞争：
培养面向未来的孩子

Chapter 9

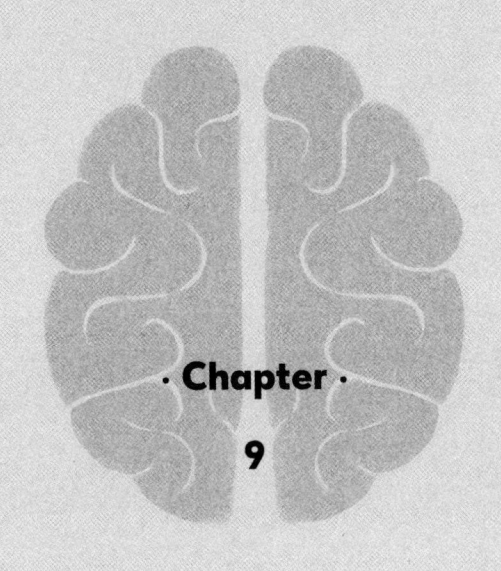

人脑是我们最强大的武器

人类的祖先在火堆旁烤肉、取暖嬉戏时，大概会很骄傲：一些"笨蛋"猿猴或者动物不会用火，只会被森林大火所伤，而他们却可以用火烹饪食物、驱赶野兽、温暖身体。但他们大概不会想到，数百万年后，他们的子孙把火玩得更好：不但烹饪出了各种美味食物，可以大快朵颐，还发明了汽车、飞机等等，可以日行千里甚至飞向太空……

本章明明是要谈 AI 与人类智慧教育，为什么要以火来开头？因为 AI 就是这个时代的"科技之火"。我们正处于人工智能的使用初期。火可以伤人，也可以成为你手中创造世界的强大工具，而这完全取决于你怎么对待它。

2022 年，ChatGPT（一款聊天机器人程序）大火，似乎宣告了我们人类已经进入 AI 时代。许多人欢欣雀跃：AI 让人类的生活更方便、更美好。更多人慌了：我的工作会不会被 AI 取代？我这辈子不懂 AI 应该还混得过去，但是我的孩子就混不过去了，他们会不会被 AI 取代？还有人心怀天下，忧虑人类会不会被 AI 毁灭。其实，这些人关注的是一个共同的问题：在 AI 时代，我和我的孩子怎么生存？

亨利·基辛格在《人工智能时代与人类未来》中写道："人工智能依然是人类的工具，因为它没有自主的愿望、动机和意识。作为智能时代万物之灵的，不只是掌握了人工智能技术的专家，也是每一个利用人工智能技术提升了自身能力和智慧的人。"

一、AI 时代给家庭教育带来了怎样的机遇和挑战？

我是一个乐观的人，我想先谈谈 AI 给教育带来的变革和机遇。

第一，智能屏幕产品将全面接管教学。

乔布斯曾预言，电子科技将掌控未来教室，并在教育信息化领域取得丰厚利润。在他去世后的十几年里，在线教育、掌上课堂、微课、慕课、电子书、电子书包蓬勃发展，成为资本的宠儿，也成为教育界、IT 界、出版界甚至金融界热议的话题。

尽管许多人仍然眷念纸质书所散发出的淡淡墨香，挑剔着电子阅读器的各种缺陷，但谁也无法否认，很多年轻人获取信息的主要渠道已经从纸张迁徙到屏幕。屏幕对眼睛的伤害这类技术难题很快就将被解决。面对各种屏幕的阅读和学习将成为未来的常态，并且将会全面颠覆原有的信息组织方式和传播方式。

孩子们沉重的书包在未来的十年之内将会被轻便的电子墨水屏替代。**而这块屏幕不仅会承担原来纸质教科书输出信息的功能，还会承担输入、上传云端、数据分析、教学反馈等各种功能，因此具有更强大的竞争力。**新的阅读习惯将主导年轻人的生活和思考方式，新的出版和发行体系已经初具形态。智能屏幕会成为主要的学习介质，渐渐接管教学。

第二，学习的过程就是数据产生的过程，也是评价的过程。

有了智能设备的加持（比如，智能笔、智能屏幕、智能教室的课桌椅每分每秒都在记录学生的学习行为），学生在学习过程中产生的大量学习数据都可以用来分析和评价。试问：两个学生在数学考试中都得了 95 分，他们的数学水平一样吗？以目前的考试评价体系来看，是一样的。但人与人之间肯定有差异，只是现阶段的考试存在局限，测试不出来。如果智能屏幕和智能笔能记录学生分析题目、打草稿和解题的全过程（思维习惯），智能课桌椅和穿戴设备能分析答题者的心率、血压等生命体征（身体状况、紧张程度等），综合这些大数据进行分析，必能发现两个学生之间的差异。所以，未来的考试可能不再是现在这样正襟危坐的集体测试，而是隐藏在日常的学习与解题中，对真实水平的评价更准确。当然，这样对学生们"真知灼见"的要求就更高了。如此，文凭可能会消失，取而代之的是个人的终身学习记录。课堂也会变革，从单向输出过渡到群体知识构造。

第三，超个人化学习时代已到来。

互联网和 AI 的融入让每个行业都发生了颠覆性的变革。传统的报刊订阅量越来越少，取而代之的是更懂用户喜好的短视频和图文推送 App。教育也是一样，工业化"集体饲养""千人一课本"的教学时代一去不复返，取而代之的是更懂学生优缺点和知识盲点的屏幕推送产品。学习的个性化将空前加强。未来将出现为一个人定制的书、课程和辅导班，进入超个人化学习时代。

新商品时代也将到来，新的商品将不再是生活资料，而是满足精神需求的东西，如知识芯片，梦境制造，记忆储存，等等。

再谈谈挑战。

第一,"碎片化"时代导致专注力稀缺、知识体系化困难。

AI 时代是一个时间和知识都日益"碎片化"的时代,人们想要静下心来学习和提升自己其实并不容易。我们越来越离不开手机、平板电脑,在享受着便捷的信息传递与短视频带来的愉悦时,突然发现自己已经很难静下心来,哪怕是集中精神一刻钟。我们的时间和注意力不断地被数字化产品提供的海量信息切割,就算终于下定决心看一会儿书,也会忍不住去看一眼手机,然后一发不可收,感觉两个小时瞬间就过去了。

专注力稀缺的我们心底似乎残存着"不学习很快就会落后"的紧迫感,所以时刻用移动互联网上的知识碎片来抚平内心的焦虑:"我这不正在学习吗?"可是,你真的学会了吗?**碎片式学习或者浮于知识表面的学习,对于人类大脑来说犹如在沙子上写字,写完很快就消失了。**

许多人每天都在接触大量零散的知识,却没能思考和建立相应的知识体系。这些碎片化的知识犹如凋零的树叶,纷纷落入尘土,消失不见。那些短视频隔了一段时间再看,仿佛曾经看过,又好像从来没看过。

许多学生在一遍遍刷题,却没有思考过哪些是自己已经掌握的,而哪些是需要填补知识漏洞的,结果浪费了大量的时间在已知的知识上重复训练,非常辛苦,却没能实现真正的进步。

许多职场人士非常勤奋,报课、读书,天天"打卡"坚持,但并没有深入改变自己的思维模式和行动,所以总感觉一无所获,甚至认为是自己不够努力,应该继续加大学习量,继续报班,结果陷入"越学越焦虑"的恶性循环。

这样怎么破局?

第二,信息过载导致选择困难。

得益于 AI 在数据分析和处理方面的强大能力以及互联网和数字技术的快速发展,巨量且依然在呈指数级增长的信息的供应将造成人脑的信息过载。人们每天都会从社交媒体、新闻网站、电子邮件、应用程序等渠道获取大量信息。

根据国际商业机器公司(简称 IBM)的统计,这个世界每天产生的数据量已经达到 2.5 亿 TB,而这个数字还在不断增长。这些数据来自社交媒体、互联网、传感器、移动设备等。社交媒体平台如 Facebook、X(原 Twitter)和 Instagram 等每天都会产生大量的数据。根据统计,Facebook 每分钟就会有超过 50 万条新的帖子发布,X 每分钟产生超过 50 万条推文。[1]

AI 时代将进一步"去中心化",自媒体将更加蓬勃发展。人人都将是电视台、几十亿的信息通道,海量信息扑面而来。可是这些信息何为对,何为错?哪些是真知识,哪些是伪科学?人们需要花费时间和精力来鉴别和验证信息的可信度,增加了选择的困难。人们可能会因此感到焦虑和压力,担心错过重要信息或做出错误的决策。

怎么办?

第三,人际互动减少。

随着互联网和通信技术的普及,人们越来越倾向于使用数字化工

---

[1] 倪闽景著:《学习的进化》,上海科技教育出版社,2022。

具进行沟通，如电子邮件、社交媒体、即时通信工具等。这种数字化的交流方式虽然更便捷和高效，但也减少了面对面的互动机会。人们倾向于在虚拟空间中与朋友和家人进行互动，而不是面对面地交流。

同时，大量的工作日益自动化和机器人化。这导致人与人之间的工作交流和合作减少，因为机器能够更高效地完成任务。AI 可以根据个人偏好和历史数据提供个性化的服务和体验。人类可能会更喜欢与智能助手、虚拟助手和机器人进行互动，而不是与其他人进行互动。

当大脑沉浸于元宇宙的虚拟世界，其最重要的社交功能将面临前所未有的挑战。如何应对？

第四，劳动者"内卷"加剧。

AI 时代，劳动者的"内卷"将进一步加剧，因为不仅面临着同类的竞争，还有 AI 的竞争。

2023 年，ChatGPT 和 Gemini（一款人工智能模型）再次刷新了人们对 AI 的认知，它们不仅能撰写文案，解奥数题，还能写代码和论文。AI 强大的学习力和迭代速度令人震惊。一个脑外科医生一辈子积累 2 万台手术的经验已经接近职业的极限，而对于 AI 来说，2 万台手术的经验，一个小时左右就可以学完。18 世纪以来的旧工业革命是让机器取代人类的体力劳动，而本次 AI 催生的新工业革命将让机器取代人的脑力劳动。

既然 AI 的学习能力这么强，那还要人类学什么？或者，即使我非常努力地学习了，是否仍会被 AI 取代？这导致了原本就焦虑的家长愈发焦虑，认为只有把孩子培养得更加出类拔萃才能让他们有机会赢得竞争，拥有"光明的前途"。

2024年，上海中考"卷"出了新高度，上海市中考人数突破11.8万，创历史新高。其中四校（上海中学、华师大二附中学、复旦附中、交大附中）招生1374人，录取率低至1.16%。

学生们压力更大了：暑假还没放，暑假作业就发下来了，暑假已经被安排得满满当当。还要接连不断补课，家长和孩子们相互较劲：你们学到10点，那我们就要学到11点。一些培训班甚至打出这样的广告语：你可以不来参加我们的培训，但我们正在培训你的竞争对手。

面对此情此景，用什么方法可以在学习和职场上取得突破？

我们不仅要破除"内卷"，还要适应新的变革，应对新的挑战。当难题到来，实在无法解答时，我们应当"升维思考"，不要执着于眼前的挑战，而应当提升认知的维度，从上帝视角去看AI时代：只有超越竞争，才有机会胜出。而想要在AI中取胜，首先要了解AI智慧与人脑智慧。

二、AI的本质以及人脑对机器思维的超越

身份互换会发生什么？

我自己也用ChatGPT，我提问，它回答。当然，有的时候它也卡

壳，但总的来说，我觉得它似乎什么都懂，什么问题都能解决。真的是这样吗？

咱们反过来想一想，现在请 AI 来提问，我来回答，会变成一个什么样的场景？ChatGPT 能不能提出有质量、有见地，能够促进学科或者整个社会发展的问题？我试过。它提出的问题我都不满意，因为 AI 目前的提问还是基于搜索，而不是像人类一样基于真正的思考。

在 AI 时代，提出问题比解决问题更重要。提出问题的人永远是引领时代发展的，因为优秀的问题往往是人类努力的方向，也是进步的方向。我们临床医生会跟很多科学家合作，做课题，而科学家和我们讨论的时候，第一件事情就是问我们：在这个方面，临床医生能否先提出问题？你们要我帮忙解决什么样的问题？

AI 的底层逻辑

我用一个非常著名的关于 AI 的思想实验——中文屋来解释一下 AI 的原理。

有一个密闭的屋子，屋子里面坐着一个英国人，他只懂英语，不会中文。我在屋子外面，但我不会英文，只懂中文。我怎么和这个屋子里的英国人顺畅地交流？答案是递纸条。可是我写一个中文的字条，递到屋子里面，英国人拿了字条，看不懂怎么办？好在这个屋子里面有两本书，一本是《英汉双解大词典》，另外一本是《百科全书》。英国人第一步可以通过《英汉双解大词典》的指示，去找到每一个中文字所对应的英文单词，把纸条翻译成英文。第二步，在《百科全书》

里面找到纸条上问题的回答。最后,他又根据《英汉双解大词典》,把这个答案翻译成中文,写在字条上递出来给我看。

我并不知道屋子里发生了什么,但我可以如此往复地提十几个问题甚至数百个问题。最后我可能会产生这样的印象:屋子里面的人懂中文,因为他一直在和我用中文交流。

这就是机器智能的原理,AI 工作的过程其实并不是人脑的思维活动过程,就像英国人不懂中文,计算机只是在执行一个又一个的程序。这本《百科全书》就是人工智能的算法,而这本《英汉双解大词典》就是人工智能的数据库,所以 AI 解决问题的底层逻辑仍然是 0 和 1 的二进制运算。

欧洲许多国家的教育部都在限制学生用 AI 做作业,因为他们考虑到了一个很严重的问题:AI 思考问题的底层逻辑是计算和搜索,而人脑思考问题的底层逻辑是思维,这是两种完全不一样的东西。而我们教育的目的是什么?是培养学生的思维能力。如果让孩子一直依赖 AI 来做作业,可能会影响他们的思维能力的培养。

谁是最高等的芯片?

我在美国的时候,作为一名脑外科医生,曾和硅谷的一个工程师聊天:有没有可能有一天,全人类就像《终结者》系列电影里讲的一样,被电脑给群灭了?因为当时发生了一则爆炸性新闻:AlphaGo(一款围棋人工智能机器人)战胜了人类的棋手。再往前,国际象棋比赛中也发生了一起著名事件:人类棋手和"深蓝"电脑下棋,人类棋手也输了。

我本以为工程师会站在自己专业的立场,支持人工智能。没想到他却说:"离这一天可能还非常遥远。如果将大脑想象成一个芯片,那么要如何比较它与计算机芯片的优劣?首先,计算的速度很重要,但还有一个更重要,就是计算的能耗。什么叫计算的能耗?比如说 AlphaGo 去战胜人类棋手,他下一场棋用了多少度电?800 多度电!这个电量足够一个三口之家用两到三个月。深蓝就更夸张,像两个房子一样大,它的能耗比 AlphaGo 大得多。但人类棋手下一场棋花多少能量?我想一杯咖啡加一片面包就够了。"

所以,如果从能耗的角度来评估谁是最精密、最高等的芯片,那一定是我们人类的大脑。

机器人有没有潜意识?

很显然,机器人没有潜意识,它只是在执行程序,关机了就什么都没有了。那人脑有没有潜意识?人脑有非常多的潜意识,而且做很多事情是在我们的意识之外的,我们根本搞不清楚计算的过程,它只告诉我们结果。

人脑意识之外的潜意识能量巨大,可以帮助我们解决许多问题。比如做梦:我们知道睡觉的时候人的意识是关闭的,但潜意识依然在工作。许多人都有这样的经历:有问题想不通,许多困难解决不了,但睡了一觉竟然想到办法了!

许多科学家也是在睡觉中获得灵感的。苯环结构的发现者、德国化学家奥古斯特·凯库勒（August Kekulé）就是通过一个梦境中的视觉图像来获得灵感的。据说，在19世纪的某个晚上，凯库勒在疲惫的状态下入睡，做了一个梦。在梦中，他看到一条蛇咬住了自己的尾巴，形成了一个闭合的环状结构。当他醒来后，他立刻意识到这个图像与他一直在研究的苯分子的结构有关。

凯库勒一直在尝试解释苯分子结构的特殊性质和化学性质，而梦境为他提供了一个启示：苯分子是一个环状结构。凯库勒根据这个启示进一步发展了苯环的结构理论，提出了著名的"六元环"结构理论，即苯环由六个碳原子以及交替的单键和双键组成。

独一无二的创造能力

人脑具有从0到1的突破常规和创新的能力，能够挑战现有的思维框架和观念，产生全新的想法，创造全新的作品。人类的创造力常常源于对传统的质疑和对常规的突破，而这种创新的能力是人工智能目前还无法完全复制的。AI替代的是从1到100的工作，但从0到1的工作，一定要由人脑来完成。

毕竟，人脑是由大约860亿个神经元组成，这些神经元通过突触相互连接，形成了一个极其复杂的网络。这种复杂性为创造性思维提供了丰富的基础。并且，人脑能够进行目前计算机无法使用的非线性和直觉性思维，这意味着它可以在不同概念之间建立看似不相关的联系，从而产生新的想法。人脑还能将情感、记忆和经验融入创造性过程，这些因素共同作用于思维，产生独特的视角和解决方案。比如美国画家杰克逊·波洛克（Jackson Pollock）的滴画技术，他通过将颜料滴洒在画布上，创造了一种全新的艺术形式。还有伊拉克裔建筑师扎哈·哈迪德（Zaha Hadid）以其未来主义的建筑设计而闻名，她的作品，如广州歌剧院和北京大兴国际机场，展示了突破传统建筑形式的创新设计。

三、如何培养面向未来的孩子？

第一，培养"学会选择"的能力。

面对海量的、碎片化信息的冲击，人脑会感到信息过载，不知道该学什么，该相信谁。因此在 AI 时代，学会选择将成为一种核心能力。学习不是为了追求绝对正确，而是为了解决问题。没有完美的选择，只有现实的选择。

从另外一个角度来说，知识的更迭本来就是为了解决问题，而不是说知识代表着真理。人类认知的局限性注定了人确实无法完全获得真理，而只能无限接近真理。人类的知识是不断发展和演变的。过去认为是正确的知识，可能会随着时代的发展被证伪或者更新。我们在科学、哲学和其他领域的知识在不断积累和更新，我们对真理的理解也在不断演进。

学会选择不仅是对于学习，对于人生也有重要的意义。可惜我们的家长很多时候都没有"学会选择"。

我曾亲身经历过这样的事情：某个周末上午，数学竞赛和英语竞赛同时进行，有家长要求调整时间，好让孩子两个竞赛都参加。当被告知无法实现时，家长和孩子竟然同时崩溃大哭。还有家长看到别人家的孩子报了补习班，就也要给自己家的孩子报，生怕漏掉一个。不是主动选择，只是随大流。我们从来没把学会选择当成重要的学习内容。

可是，学会选择是破解"内卷"的重要手段。破解"内卷"，首先要认识到这是价值观的问题，在升学率为唯一判断标准的指引下，大家都很难不焦虑。所以应该鼓励多样化选择下的成才标准，而不是对着一个没有选择的目标焦虑无奈。榜上无名，脚下有路。在人生的道路上，有的人走得快点，有的人走得慢点，即使是同一个人，在不同的人生阶段也会有时发展快，有时发展慢。但只要你一直在路上，有目标，有行动，你就有机会。在自媒体越来越发达的今天，在去中心化日益明显的 AI 时代，家长和孩子都要认识到人生的路有很多条。家长应该和孩子一起学习选择，尊重孩子的意愿，让孩子主动选择，主动学习，差异化竞争。

要学会选择，希望大家明白以下三点：第一，选择即舍得；第二，真正的选择没有标准答案；第三，尊重自己的选择，勇于承担自己选择的结果。

第二，培养提问题的能力。

在 AI 的助力下，解决问题的办法会有非常多。就像"吸引力法则"

一样，如果你真的想做一件事情，整个世界都会为你让路。但是你首先要明确，你想做什么事。现实世界存在着什么样的问题？你做的事情又想解决什么问题？

提出问题的人永远是引领方向的人，永远是让大家跟随的人，永远是最棒的人。一定要培养孩子提问题的能力。

可是我们的教育却一直缺乏对提问能力的培养。我们从小习惯了老师给问题，我们给答案。如果符合标准答案，老师会表扬；如果不符合，老师会批评。这造成了大多数人即使毕业多年，也一直深陷在寻找标准答案的学生思维里，并且希望有人像老师一样给一个标准答案。殊不知，世界是多元的，答案有很多，而且都要自己去找。

培养提问的能力真的很难。对于教育者来说，最容易的事情反而是直接灌输知识，所以大多数老师仍在闷头灌输知识。这其实是家长和老师们需要反省的问题。

我们怎样去培养孩子提问题的能力？推荐一个方法，就是以项目为主导进行教学，比如教数学、物理时，不是直接在课堂上讲知识，而是带孩子组团队，做一个机器人或者汽车的项目。孩子们在做项目的过程中，就会发现好多问题。他们不知道怎么去造出一辆车，或者怎么造出一个机器的模型，他们就会提出问题，然后想办法查资料，去解决问题。孩子提问题的能力和解决问题的能力，在这个过程中就得到了培养。

如果你觉得你的孩子在学校的学习有欠缺，学校只是简单地在灌输知识，那就应该多让孩子参加实践活动，特别是那些以项目为主导的活动，让孩子在项目中去学习，去求生存，去发现自己的缺点，然后不断地在项目中解决问题，找到发现问题和解决问题的快乐。

第三，培养拥抱 AI 的能力。

AI 会淘汰人吗？它只会淘汰不会使用它的人。未来我们不管是写作、做医生，还是做工程师、做科学家，我们都离不开 AI，因为 AI 能大幅度地提升我们的生产效率。而如果你不懂 AI，你的生产效率一定比不过别人，这样的话你就容易在竞争中落败。所以我们要想的是：我的工作怎么和 AI 联系在一起，怎么把它 AI 化？

还有一点很重要：在和 AI 合作的过程中，你永远是主人，而 AI 永远是工具。

作为脑外科医生，我们的许多工作已经在使用 AI 辅助了，包括做手术也是用机器人辅助。我们在用机器人的过程中，偶尔也会和机器人"意见相左"，这时应该听谁的？

应该听我们的。我们才是最重要的，我们才是主人，它只是我们的一个工具。它不仅要听我们的，当它犯错的时候，我们还要"退货"。这才是对待 AI 应有的态度。

第四，培养深度学习、深度工作的能力。

深度学习、深度思考、深度工作，需要集中大脑全部注意力去解决问题，看到问题的本质，进行从 0 到 1 的创新。

有些工作属于肤浅工作，比如复印文件、帮忙买咖啡、订机票、收发信件等，这些工作不需要大脑深度思考。而 AI 要取代的工作一定是肤浅的工作——从 1 到 100 的工作，让大家能够不那么麻烦、不花太多自己的时间，提高生产效率。

那从 0 到 1 的工作由谁来完成？一定是由人的大脑来完成。所以如果不想被淘汰,一定要培养孩子的大脑从 0 到 1 的工作的能力。怎么去培养深度思考,培养从 0 到 1 的能力?我有几个方面的建议。

第一,要保持孩子的原创精神,不要打击孩子的好奇心。如果孩子很好奇,不断地问问题,家长千万不要烦,而要和孩子一起去探索。孩子问的问题我们不知道,不要觉得不好意思。我们可以带着孩子上网去查,利用信息资源,一起找出答案。但是网上充斥着大量信息,有对的,有错的,家长要教孩子学会甄别。

不要填鸭式地灌输知识。因为孩子的大脑生下来并不是白纸,教育的目的也不是在白纸上书写知识,而是点亮孩子的大脑。孩子生下来的时候,他的大脑是有很多预装程序的。他有优点,也有缺点,而他不知道自己的优势,家长的任务是观察他有哪些优点,然后将其放大。

什么叫启蒙教育?启蒙教育的英文为 enlighten。enlighten 是什么意思?点亮。孩子的大脑是一片黑暗,家长的启蒙教育就是向孩子的大脑里投射一束光。

第二,要加强交叉学科的培养。在学科的交融中,往往会有创新的火花。我记得我原来在复旦大学读书的时候,接受的是通识教育。文科、理科、工科、医科的学生被混在一起,大家一起上课,一起住宿。在同一个宿舍里会发现,大家一个在医学院,一个在工学院,一个在理学院,还有一个在文学院。为什么要做这些事情?就是希望学生们能打成一片,在沟通中将各个学科的知识进行交叉,然后获得灵感,一起完成一个有创造性的项目。

第五，培养与人沟通的能力。

AI 可以帮我们解决许多问题。但是，人脑会更信任谁？人脑一定更信任人脑，更喜欢和人脑进行交流。所以，人的问题一定要由人来选择，由人来解决。那么，与人沟通的能力和聚合人的管理能力就显得特别重要。

很多工作肯定会被 AI 取代，但是又会有很多新的工作涌现，那这些工作是什么样的工作？一定是做人的工作。

作为一名医生，我的导师一直教导我："黄翔，你看病人，你眼中是病还是人？如果你眼中是病，那么你作为一个医生，一定会被 AI 取代，因为你一辈子的精力也就只够看几千个病人的，而 AI 里面有几百万个、几千万个病人的资料，你比得过它吗？你没有它经验丰富，外科医生做手术的手没有机器人的手稳。

"所以如果是比看病，你永远比不过 AI。但是如果你眼中是人，你会满足人的需要，尊重人的爱好，理解人的顾虑，这样你才能做好医生的工作。病人不会信任一个机器，但会信任一个人。"

所以，医生如果不想失业，想要做好自己的工作，就一定要眼中有"人"，而不是"病"。其他的职业也是一样，你要为人去服务。

现在的学校也越来越重视对领导力的培养，大学和中学都成立了很多社团。这些社团成立的目的是什么？肯定不是闹着玩的。每一个社团都是未来领导的实验室，学生们在这些社团里面跟其他人互动，大家有共同的目标。在做项目实现目标的过程中，他们会碰到很多困难，这时有的人会不愿意做了，有的人会感觉灰心丧气，而有的人依然很积极。怎么把这些人统合起来？怎么跟他们沟通？这里就涉及团队协作的能力。

以前，我们很容易产生一个误解：社会的发展似乎是一个零和游戏。比如学校的排名，我要把名次升上去，必然有人名次下降。但现代社会的发展并不是零和游戏，而是正和游戏。什么意思？社会财富一直在增加，不是你的财富增加我的就会减少，我们可以共享资源。所以在 AI 时代，我们需要的是做大蛋糕的能力和跟人分享蛋糕的能力，而不是分蛋糕的能力。

结语

AI 的到来让人类社会产生了巨大的变革，影响了每个人、每个家庭的命运。在每个剧变的时代，最适应变革的个体往往优势最大。就像生物学家达尔文所说："能够生存下来的物种不是最强的，也不是最聪明的，而是最能适应变化的。"

愿你能够适应这些变化，用好 AI 这团科技之火，不要让它变成伤害你的恶火，而是将其变成火箭，助你平步青云。

后记

两年前,我在飞往贵州遵义的飞机上偶遇了一个小学高年级的男生,他就坐在我旁边。飞机起飞后,在经济舱昏暗的灯光下,他架着厚厚的眼镜,戴着耳机,细细的胳膊撑在桌板上,开始写作业。我赞叹他的努力,他说"我不是最努力的,只能在班上排中等"。

我突然觉得很感动,想起了曾经的自己,也似这个小男生般勤奋,和班上的同学你追我赶。因为家长和老师们都告诉我:书山有路勤为径,学海无涯苦作舟。努力才能得到自己想要的一切。

过了一会儿,这个男生开始抓耳挠腮。他有一道题目一直解不出来,耽误了好一会儿,都快没信心了。我注意到,他是一边听着英文歌一边解数学题的。我想帮他,就凑过去和他说:"也许我能帮你。"他问:"叔叔,你是谁呀?"

我说:"我是一名脑科学工作者,也是一名脑外科医生,你用大脑在解题,而我比较了解大脑的规律。我看这飞机挺大的,你要不要先上个厕所,然后在飞机上稍微兜一圈,回来后听听我的音乐?它可以激发你的脑电波,让你产生解题的灵感,没准儿就解出来了。"

于是,他半信半疑地听着我的音乐写作业。过了一会儿,竟然真的解出来了。他说:"叔叔,你好神奇。"我说:"我一点儿都不神奇,你本来就很聪明,我只是顺应了你大脑的节奏,给你听了没有歌词的纯音乐,激发了你的自信心。"

后来他写完作业和我聊了一路。我发现现在的孩子比我当年勤奋得多,也"卷"得多,但确实有许多不得法和违背大脑规律的做法,让他们白白用功了。

从小学到高中,中国的学生大多非常勤奋,可为什么到了大学以后很多学生就开始放飞自我?因为他们被所谓的"勤奋"压抑得太久,并且没有在勤奋中尝到甜头,违背大脑规律的努力让他们感到痛苦。"努力"的边际效应递减,甚至让他们陷入了"越努力,成绩越差"的怪圈。

所以,"用功"的背后还藏着一个诀窍:用脑科学的方法勤奋读书,顺应大脑的规律学习,才能让书山之路走得更平坦,学海之舟不至于迷失方向。

"能不能用我掌握的脑科学知识为中国的广大学生们做些什么?让他们真正做到健康用脑,科学学习,并且在勤奋努力中得到快乐,而不是毫无止境地'内卷'?"我在飞机上萌生了这个想法。

回到上海后,我把想法告诉了我上一本书《加油吧,大脑!》的特约策划汤曼莉老师。她非常支持我,并给了我很大的信心。但从有想法到成书不是一件简单的事,我们和中信出版社的林雪微老师反复讨论,推翻了十几种方案,才确定了本书的大纲。在繁忙的医教研工作中,我参阅了许多资料,每天写一点,最终用了两年左右的时间集腋成裘,写成本书。

感谢在我写作本书的过程中一直给予我支持的所有老师。特别感谢上海科技馆馆长倪闽景先生为本书撰写推荐序,感谢我的授业恩师周良辅院士，华山医院院长毛颖教授，上海市卫生健康委员会健康促进处的王彤处长以及武晓宇老师、戴恒玮老师、石珩老师，还有一直鼓励我写作的朋友虎皮妈。

希望本书有机会帮助到日夜苦读的青少年朋友们。愿你们在学校里表现优异，生活更加美好。

黄翔

2024年春于上海

延伸阅读

希望这本书能激发你对学习脑科学的兴趣,用脑科学的知识指导你的学习,提升效率,建立自信,拥抱美好的人生,真正做到健康用脑和科学学习。关于学习脑科学的话题非常广泛,覆盖多学科领域,无法在有限的篇幅里涵盖所有内容。如果你想了解更多,以下书目总结归纳了许多脑科学知识,可供你阅读。这些书中的部分观点和论据在我写作的过程中也给我带来了很大的启发和参考,在此一并致谢。

推荐书目:

《加油吧,大脑!》

作者:黄翔

这是我出版的第一本脑科学科普书,可以看作本书的"前传"。该书用平实的语言和病例故事阐释了神经科学的基本原理,比如:思考和学习时大脑运作的秘密,神经元、神经连接、神经网络、脑重塑、智力和幻觉等是怎么回事。本着"脑科学让生活更美好"的原则,该书还介绍了如何使用脑科学的方法终身学习、高效工作、调整睡眠和情绪自救等。感兴趣的朋友可以先看《加油吧,大脑!》,再看本书,逻辑会更连贯。

《学习的进化》

作者：倪闽景

这是一本献给破解教育内卷的学习进化者的礼物，也是一本思考人类学习的书，探讨了学习从哪里来，要往哪里去。全书从"学习塑造人的大脑"开始，归纳了人类学习进化的三个阶段——自然学习阶段、经典学习阶段、现代学习阶段，预言了即将进入的超级学习阶段。该书最大的思想成果是总结出宇宙进化的三个阶段的核心要素，基本粒子、基因和人这三个进化量子，以及由此进化形成的大量进化积木，并预言了"人神"进化的各种可能性。该书还根据进化的规律，揭示了学习不同进化阶段的规律和意识形成的根本问题，对机器产生意识和机器学习进行了方向性的分析。

《自控力》

作者：凯利·麦格尼格尔（Kelly McGonigal）

该书基于斯坦福大学广受欢迎的心理学课程写作而成，讲述了什么是自控力、自控力如何发生作用以及为何自控力如此重要，又应该如何培养自控力，拿回人生的主导权！全书讨论了自控力的生理学基础、心理陷阱和各种社会因素，并吸收了心理学、神经学和经济学等学科的洞见。

《人工智能时代与人类未来》

作者：亨利·基辛格（Henry Kissinger）、埃里克·施密特（Eric Schmidt）、丹尼尔·胡滕洛赫尔（Daniel Huttenlocher）

这是一本探讨人工智能、学习和人类未来的书籍。外交家基辛格、谷歌前 CEO 施密特和麻省理工苏世民计算机学院院长胡滕洛赫尔齐聚一堂，梳理了人工智能的发展现状、人类思想及技术演进的历程，进一步讨论了人工智能赋能的网络平台给个人、企业、政府、国家和地区带来的影响，以及人工智能将在重塑世界秩序和安全格局方面所起的作用。同时，该书反思了人工智能的发展对于人类自我身份认同产生的巨大冲击，以客观的视角提出了人类在未来几年所必须面对的问题以及解答工具。

《饮食大脑——食物如何影响心理健康》

作者：乌玛·奈杜（Uma Naidoo）

如何吃得更正确？一顿大餐几乎可以治愈一切。研究表明，饮食可以对心理健康状况产生深远的影响，包括改善抑郁症、焦虑症、创伤后应激障碍、注意缺陷多动障碍、痴呆和脑雾、强迫症、失眠和疲劳、性欲减退、精神分裂症、双相情感障碍等等。该书利用前沿研究阐释了食物是如何影响我们的心理健康的，包含切实可行的营养建议以及 40 多种美味的健脑食谱，是通过饮食改善心理健康的指南。

《终身成长》

作者：卡罗尔·德韦克（Carol Dweck）

该书介绍了关于学习和成长的两种思维模式：固定型与成长型。它们体现了应对成功与失败、成绩与挑战时的两种基本心态。你认为才智和努力哪个重要，能力能否通过努力改变，决定了你是会满足于既有成果还是会积极探索新知。只有用正确的思维模式看待问题，才能更好地达成人生和职业目标。

《效率脑科学——卓有成效地完成每一项工作》

作者：戴维·罗克（David Rock）

该书采用了讲故事的形式，为我们展示了主角埃米莉和保罗在工作中遭遇的困境，并结合脑科学进行了分析和拆解，随后给出了改进方法，同时以"重演"的形式向我们呈现了他们在应用脑科学知识之后的工作成效。作者根据脑科学的研究成果，耗费数年时间写作了该部工作脑科学作品，其中的方法经过企业的多次验证，切实提高了人们的工作效率。

《大脑传》

作者：马修·科布（Matthew Cobb）

该书以脑的隐喻为切入点，介绍了人类大脑认识史上一个又一个里程碑以及那些做出伟大发现的科学家。从"心智源自心脏"的观点到"把大脑视作机器"的机械观，从"电与神经活动的关系"到"神经系统的神经元学说"，从"神经信号如何表征信息"到"脑功能的局域化定位与分散式分布之争"，从"把大脑看作一成不变的电路"到"把大脑视作一个具有可塑性的网络"，作者历数人类对大脑认识的曲折演进历程，讲述了大脑科学研究对计算机、人工智能等领域的诞生和发展产生的深远影响，勾勒出了一部群星闪耀、波澜壮阔的科学史诗。

《高效休息法——世界精英这样放松大脑》

作者：久贺谷亮（Akira Kugaya）

该书最大的特点是采用微小说形式说明正念能为工作及生活带来的具体改变。该书将经过实证的脑科学研究成果融入故事内容，让读者在享受阅读乐趣的同时也获得相关知识。书中主要介绍了"消除大脑疲劳的七个休息法"，教大家以呼吸和冥想来释放压力，达到正念的目的。该书还特别收录了美国精神科医生推荐的"五日简单休息法"，教大家如何让大脑获得真正的休息。

《大脑用户指南》

作者：英国《新科学家》杂志

该书图文并茂，用迷人的科学研究、令你瞠目结舌的信息图以及各种各样的 DIY 实验揭晓这个既帮助你又欺骗你，既精巧无比又暗藏缺陷的重要器官的秘密，让你理解大脑的运作原理，学会如何对它进行保养和升级。

《青春期的烦"脑"》

作者：弗朗西斯·E. 詹森（Frances E. Jensen）、艾米·艾利斯·纳特（Amy Ellis Nutt）

科学家一度认为，儿童一旦进入青春期，他们的大脑发育过程基本上就完成了，青少年的头脑和成人的没有太大差别。然而，过去几十年的神经学研究显示，青春期依然是大脑发育的关键阶段。这本书用平实的语言、可靠的数据和丰富的事例介绍了有关青少年大脑发育的各种知识，为大家提供了一个审视青少年的独特视角，涵盖的主题包括：学习和多任务并行处理、压力和记忆、睡眠、成瘾、决策等。

《青春期的大脑——10多岁的孩子是怎么想的？》

作者：金鹏年

身体已经长大，大脑还在施工。该书是韩国儿童青少年精神科专家金鹏年为慌张父母开具的青春期大脑处方。大脑发育的剧变期第一次在0—3岁，最后一次就在关键的10多岁。请抓住最后一次大脑重塑期，帮孩子打造强健大脑。

《象与骑象人——幸福的假设》

作者：乔纳森·海特（Jonathan Haidt）

大脑的意识系统和潜意识系统，这两个分裂的部分造成人们常陷于理智与非理智的思想争战中。而这种争战不仅会影响我们的决策，也会削弱我们的幸福感。乔纳森·海特融合了心理学、哲学、伦理学、宗教以及人类学等学科知识，大量引用了古今中外的哲学、文学与宗教中有关人的心理的看法，继而以现今神经科学与社会心理学的研究成果来验证关于幸福的古老的假设。

《隐藏的自我》

作者：大卫·伊格曼（David Eagleman）

这是一本关于大脑潜意识系统的书。作者大卫·伊格曼以进化的眼光，用丰富的实验、经典案例、前沿科技，辅以哲学性的思考，循序渐进，逐步深入，带我们一窥人体中复杂又重要的器官——大脑。当它改变时，我们也会随之改变。这本书帮我们认识到我们所看、所听、所想的局限甚至谬误，从而帮我们开辟更广阔的认知进阶空间。

《与青春期和解——如何解决青春期关键问题》

作者：凯文·莱曼（Kevin Leman）

这是一本关于青春期大脑重塑的书籍。以擅长解决家庭、亲子、两性问题而闻名世界的凯文·莱曼博士结合自身几十年为青少年家庭提供心理咨询的经验与养育5个子女的亲身经历，以他特有的诙谐犀利的写作方式，化身为家长们的幕后军师，对世界各地的家长们在孩子处于激烈动荡的青春期时最关心的72个问题进行了一一分析，并给出了富有智慧的专业解答和建议。这些问题小到青春痘、翻白眼、做家务、睡懒觉，大到酗酒、盗窃、厌食、暴食、自残、自杀、未成年怀孕以及手足相争等等。读完这本书，家长将领悟如何运用心理学知识走进孩子的内心世界，迅速且有效地重塑孩子的行为、态度和品格。